では、後ほど

玉置玲央

北沢タウンホール

本多劇場

ザ・スズナリ
BAR giraffe
TEN
DOLCE
SD
輝
うちわ

店
上演中

湘南

では、後ほど

玉置玲央

フォトエッセイ

目次

自己紹介

まずは何より、このエッセイ集を手に取ってくださって本当にありがとうございます。

玉置玲央といいます。『たまき』ではなく『たまおき』と読みます。下の名前は『れお』です紛れもない本名です。親から譲り受けた苗字と、親がつけてくれた名前なのですが、それについてはまた後ほど。

この本が出る頃には40歳目前です。

誕生日に合わせてエッセイ集を刊行させていただけるなんて光栄なことです。どんな形でもいいからいつか書籍を出したいと思っていたので、このお話をくださったKADOKAWAさんには感謝しかありません。

(有)ゴーチ・ブラザーズという演劇制作及び製作、タレントマネジメントを営む事務所に所属しています。ここからが非常に重要な話です。

私は『俳優業』という仕事を生業にしています。なので必然的にこのエッセイ集は『俳優業』に関するお話が多くなると思います。しかもそれは『どうしたら俳優になれるのか』とか『いい俳優とは?』みたいなお芝居の指南の話ではなくて、ワタクシ、玉置玲央が普段、俳優という仕事を通してどのような風景を視て、思い描いて、思いを馳せているのか、という話が主になることでしょうそりゃそうだこの本は『エッセイ集』なのだから。とはいえ、そんな『俳優業』の話に終始一貫するだけではなんにも面白くないので、過去のことや日常のこと、多少のプライベートや趣味の話などなどを、のらりくらりと綴っていこうと思っている次第です。

初めましての方は初めまして。お久しぶりの方はお久しぶり。お馴染みの皆様、今日もご機嫌よう。概ね、どんな人間なのかが少しは伝わりましたでしょうか?

文章を綴るというのは楽しくもありちょっとだけ怖いなと思うこともあります。紙の上に染み込んだインクからはどうにも伝わらない『何か』があるからです。でもだからこそ、いつかどこかでお会いできた時にこのエッセイ集が、手に取ってくださったあなたにとっての『入口』になることを祈っています。

なんの？
なにかしらの。
今日も全てに、尊敬と慈愛と感謝を。
一生懸命綴りますので、何卒よろしくお願いします。

エッセイを書くということ

SNSが非常に苦手で、辛うじてXやInstagramはまだ嗜めていると思っているのだけど、例えばブログ及びnoteに関してはあまりにも更新が不定期になってしまっていて、楽しみに待ってくださっている方がいらっしゃるなら非常に申し訳ないと思っています。

一度記事を書き始めると書きたいことがムクムク膨れ上がってきてしまってなかなかな文章量になってしまったり、言いたいこと伝えたいことが自分でも分からなくなってしまって駄文散文になりがちで、どうしたもんかなぁと思ったりするのです。そうこうしながら記事を一本書くと、なんだか妙にスッキリしてしまって暫く書くことから離れてしまったりするのが、更新を滞らせている最たる部分なのでしょう勝手ですね本当に。

ただ、下手の横好きよろしく、書くことや主張することは好きなので、スマートフォンのメモ機能には下書き状態のさまざまな文章が眠っていて。このエッセイにもそこから引っ張り上げてきた埃まみれの文章がまるで今産まれたかのような顔して並んでいたりするので、重ね重ねになりますがありがたい機会をいただけたなと思うのです。宙ぶらりんだった文章に一応の始末がつくということが、『始まれば終わる美学』を好む自分としてはスッキリしてよろしいのです。

どうやら過去のブログ記事、noteの記事を読んでくださって今回、エッセイのお話をくださったようなのです。下手の横好きなんて卑下しちゃあいかんくらいには、自分が綴った文章たちを褒めてあげたいものです。肯定する、というのはとても大事なことだと思う。誰よりも自分が、自分自身を。

最初にも書きましたがこのエッセイ集は入口です。いつかどこかでアナタと会った時、アナタとワタシが慌てふためくことがないように、お互いがお互いを知るための説明書、のようなものだと思ってもらいたい。俺はもちろん俺のことを。アナタはこの本を通して何かを感じてくださったアナタのことを。説明できるようになったら、肯定できるようになったら、こんなに嬉しいことはない。その為に、妥協せず嘘偽らず、ありったけのありのままの文章をここには綴らせていただこうと思っています。

『自分のエッセイ集だ、何を憚ることがある！』という勇気と、『でも誰かを傷つけたり否定したりしたいわけじゃないんです』という臆病さを併せもって、ガシガシ書き進めていく所存です。お見苦しい文章、気分を害するような表現、もしかしたら見受けられるかもしれませんが、そこに他意や悪意はないことを、どうかどうかご理解いただければ幸いです。

知らないことを知る為に、いざ。

三軒茶屋駅にて

駅構内、改札前を行き交う人、その隙間、駆け抜けるこども。

それが10人以上もの大行進なもんだから何か、良くないことが起こっているのかと不安よぎるくらい。

戸惑う大人、それ社会。

高らか笑うこども、純粋無垢。

そのコントラストくっきりで、ジュブナイル上等。

吐く息白い冬、冬、冬。

鼻っ柱真っ赤っ赤の少年たちは喧騒抱えてまた別の喧騒に溶けて、消えた。

虹色の突風

俳優を志した経緯、綴りましょう。

とにかく勉強が嫌いで。当時は自転車に乗ったりいじったりすることに傾倒していたから、中学校を卒業したらメッセンジャーになって働こうと思ってた。高校に行くつもりは微塵もなかったのだけど、父も母も高校だけは出てくれと言うので臑齧《すねかじ》らせてもらって進学することに決めた渋々と。周りより少し遅れてきた思春期真っ只中だったと思う。不機嫌に不機嫌を重ね、なんで俺がこんなことせないかんのだとぶちぶち言いながら勉強に勤しみ何校か受験するんだけど、そんな心持ちでいるもんだから結果には結びつかないわけで。今思えば非常に愚かしい振る舞いだったなと猛省してるし両親に申し訳なかったと思ってる。

3月に入って卒業式が終わっても入学先は決まっていなかった。それを見かねたのかあるいはこちらから相談したのか記憶があやふやだけど、当時の担任の英語教師が『玉置、こんな学校があって定員割れ起こしてるぞ』と紹介してくれたのが関東国際高校だった。

3月も下旬が近付くとそれぞれの学校が『三次募集』をかけている場合がある。本募集を経て定員に達していない場合などで二次募集がかかり、更にその後それでも定員割れしている場合や何かしらの事情で入学を取り下げた方たちで空いた枠を、三次募集として募集し始める学校があって。多少の筆記試験と面接を受けて然るべき手続きを踏めば入れてもらえちゃったりするんですよ。

関東国際高校は『国際』というだけあって海外文化や言語を教える科が充実している学校で。同時に、当時は『演劇科』という文字通り演劇を教えてくれるコースがあったんですね。件の定員割れしていたのは韓国語科とロシア語科と演劇科。その中で、少なくとも3年間続けられるものはなんだ、消去法で演劇だ、という流れでお芝居の道に進むこととあいなったのです。

ところが、自分には高校で教えていただく演劇が肌に合わなくて。自分なりに授業にも演劇にも真摯に向き合っているつもりでいたけれど、何とも空虚な日々だったように思う。というのは、やはり少し遅れてきた思春期真っ只中の名残も影響していたのだろう。そういうことにしたい。

なので在学中から、学校に内緒で劇団を立ち上げて活動することになるんですよ、ええ。クラスメイトに、北区を拠点に児童劇団や地域の劇団での活動経験がある人がいて一緒に劇団やろうという話になって。曰く、『もう一人主宰的な人がいてその人が他にもメンバーを集めているので、そこと合流して劇団立ち上げよう！』ということでした。こちらはクラスメイトからその声を掛けてくれた人、俺、そして現在キャラメルボックスに所属している渡邊安理の3人。もう一人の主宰は彼と彼の旧友、そして現在あやめ十八番に所属している大森茉利子、そして今、柿喰う客に一緒に所属している深谷由梨香の4人。合わせて7人で『下町ハイヂ』という劇団を旗揚げしたのでした。安理や茉利子、由梨香さんとはもう20年以上の付き合いになるわけで、特に由梨香さんはこの下町ハイヂ時代から柿喰う客を経てずーっと一緒の劇団に所属しているから23、4年間くらい一緒に演劇の世界にいることになる。凄くない？　人生の半分以上一緒にいるって。しかも演劇で。

高校2年生の春休みかな？に旗揚げ公演を上演。松尾スズキさんの『マイアミにかかる月』という作品を、東京は大塚にあった『大塚ジェルスホール』にて。80人も入れないサイズの劇場に、出演者それぞれの知り合いや家族がパンパンに集まって自分で言うのもなんだけど公演は大成功だったように思う。当然たくさんの大人や先輩たちのご助力で公演を打つことができたわけだけど、自分たちで準備して稽古して、学校の合間縫って稽古して、あーだこーだ言い合いながら稽古して、稽古して稽古して稽古して辿り着いた本番で。無味乾燥な生活の中に演劇という虹色の突風が吹いて、みんなで何か一つのことを、自力で成し遂げられたというのが非常に気持ち良かった。想像してみてくれよ堪らんだろうそんなのは。そして元を辿れば、きっとここら辺が演劇によって自分の人生が狂った瞬間なんだと思う。

気を付けろ演劇は人を狂わす。

残念ながら下町ハイヂは2005年に解散してしまうのですが、そこから程なくして俺と由梨香さんは柿喰う客での活動を始めることとなるのでした。

思えば俺は教師に恵まれている。高校の担任の先生にだけは劇団を旗揚げして公演を打つことを報告していた。先生は学校側に内緒にしてくれて応援してくれたしなんなら本番も観に来てくれた。中学の担任の先生のお陰で演劇と出会い、高校の担任の先生のお陰で演劇虹色突風状態に身を任せることができた。

『中屋敷法仁』と、所属劇団『柿喰う客』についても触れていきましょう。

高校を卒業した後も下町ハイヂはしばらく活動を続けていて俺は裏方業をメインに劇団活動も続けていたわけだ。メンバーたちはそれぞれめいめいの進路に進み、渡邊安理はキャラメルボックスに入団したり大森茉利子や深谷由梨香は大学に進学した。そんなある日、由梨香さんから会わせたい人がいると言われた。大学で面白い人に会った、玲央もきっと気に入るし仲良くなれると思うよとのことで、由梨香さんがそんなことを言うのもそう言って誰かと引き合わせようとしてくれるのも前代未聞のことだったので、よしゃ！　その顔拝んじゃろ！ってつんのめりそうな前のめりでその人に会うことにした。忘れもしない横浜駅のファーストキッチン。そこに現れたのは何とも挙動不審なお坊ちゃん然とした男、紛れもない中屋敷法仁だ。もっかい書くけど本当に挙動不審で面喰らうくらいで。何を話したかは今となっては全く覚えていない、が。早口。もうめっちゃくちゃ早口で3分の1くらいは聞き取れなかったのを覚えてる。こちらはこちらで俺が出会い頭にとっていた奇行のせいでそれが中屋敷にとっては衝撃だったようで、結果、お互いに強烈な印象を残したってのが俺と中屋敷のファーストコンタクトでした。それから中屋敷が下町ハイヂの公演を観に来てくれたり、こちらも柿喰う客の公演を観に行くようになって交流が生まれる。当時の柿喰う客はまだ劇団という形をとってなくて、中屋敷法仁一人が運営するプロデュース集団という形態で。毎作品レギュラーで出演する人も何人かはいたが、基本は公演ごとに出演者を募って探して、中屋敷が一人で色んな大学の演劇サークルを行脚して声を掛けてキャスティングしていくという形をとっていた。『玲央くん、柿喰う客出ませんか？』と声を掛けてくれて『ほい来たやりましょう！』と二つ返事で参加。第2回公演『挿入ジェノサイド』で初めて柿喰う客の舞台に立つことになったのでしたなんつータイトルだよ中屋敷さん。これ、二度目の人生狂った瞬間。

一度狂った人生がもう一度狂ったのならひっくり返って元の位置、つるんと正気に戻るべきだったのに余計に拗《こじ》れて捻《ねじ》れて演劇の虹色の突風がまた吹く。解こう解こうと緩まった人生を、演劇の絡め手がまたしてもこんがらがらせて吹き抜ける吹き荒ぶ。

気を付けろ演劇はこれでもかと人を狂わす。

大学進学を選ばなかった自分は、こうして同年代で集まって自力で演劇を完成させていくということに焦がれていたんだと思う。味、占めてたんだと思う。裏方業は軒並み先輩しかおらず歳相応のはしゃぎ方なんてとてもじゃないができる場所じゃなくて。中屋敷法仁と柿喰う客は、虹色の突風の発生源なのかもしれないと薄々気付いていた。

下町ハイヂが解散した頃、中屋敷から呼び出された。忘れもしない池袋駅の珈琲貴族。『玲央くん、柿喰う客が劇団化するんですが入団しませんか?』と声を掛けてくれて『ほい来た入りましょう!』と二つ返事で入団。

馬鹿！　進んで人生を狂わせに行く奴があるか馬鹿！　と思うべきだったんだろうけど、微塵も疑わず俺は入団を決めたし、またあの演劇虹色突風を浴びられるのなら浴びせてくれるのなら、こんなに嬉しいことはないと思えたから。作、演出の才能は全くもって敵わないから、なら俺は中屋敷法仁にとって一番の俳優であろう。あいつが創る作品の、この世で一番の体現者になろう。そう思えたから。

柿喰う客で活動をしていると、お陰様で客演のお話をいただくようになった。最初は近しい世代の小劇場の劇団へ。それがやがて段々と大きい規模の劇団、プロデュース公演へ。２０１１年、伊坂幸太郎さん原作、世田谷パブリックシアター主催公演『オーデュボンの祈り』に出演したことでそれ以降、お声掛けいただく作品の毛色が変わっていく。あまりジャンル分けはしたくないけど、いわゆる『商業演劇』に出演する機会が増えていった。

忘れられない風景があって。

２０１１年は東日本大震災の年。『オーデュボンの祈り』の本番は9月だったんだけど、地震の余波は日本に、演劇界に渦巻いていて、我々はどうにか上演にこぎつけたんだったと思う。本当に無我夢中で。そんな中、ツアーで仙台に行ったんですよ。本当にやれるのか、演劇『なんて』上演していていいのだろうかって、そんな我々が今もなお大変な状況にある仙台にお邪魔していいんだろうかってぐるんぐるんしているわけです。そんな状況にあっても劇場に足を運んでくださったお客様に何とか感謝を伝えたいと思って終演後、ロビーに出てキャスト全員でお客様をお見送りしようということになりました。

『舞台と客席』という関係性は非常に安全で。

いざ終演直後にお客様に会うとなると、状況も状況だからいくら劇場に足を運んでくださったとはいえ何か思うところがあるかもしれない。お叱りや苦情の言葉をいただくかもしれない。『こんな時に演劇なんてやってんじゃねーよ』って言われてもしょうがないとさえ思っていた。でも実際は真逆で。

『こんな時に仙台まで来て、こんなに素敵なお芝居やってくれてありがとうね』って。『また来てね』って涙を流しながら、握手しながら言ってくださるんですよ誰も彼もが。

三度目の人生が狂った瞬間だこんな狂い方もあるのか、こんな狂わせ方もあるのか、って。

気を付けていたのに演劇に人生を狂わされることに。

でもこんなことがあったら俳優辞められないんですよ。大袈裟かもですが演劇には意味があるんだと、俳優やっていて良かったと、痛感させていただいたんですね。こんな風景が見られるなら、誰かに虹色の突風を吹かすことができるのなら、俺はこれを生業にして生きていこうと思った、そんなターニングポイントでした。

細かく言えばもっともっとあるんです、俳優を志した経緯って。ってかこれらが経緯と言えるか分からないけど、でもなんか伝わってほしい。俳優業を強烈に意識する時、そこには人との出会いがあって風が吹き抜けていること。そうして吹き抜けた虹色の突風の後を追い掛けて、いつかその尻尾を掴んでそんで抱き締めたいと思った全てが、経緯。ってのはカッコつけすぎでしょうか？

さて、虹色の突風は今もあなたに吹いているか？　俺には、吹いている。吹いていると信じて意固地になって絡まりを解かず突き進んでいる。

ずんずん、ずんずんずん。

ずんずんずん。

好き

説明書なんて銘打っているから、ここは一つ2024年現在で一等拘《こだわ》っているモノ、好きなモノについて語らせてもらいますよ。大前提として、モノに関して自分はどうやら創業者や職人のモノづくりに対する姿勢や努力、バックストーリーみたいなものに感銘を受けて好きになる、愛用するようになることが多いみたいです。

【ZIPPO】

ジッポーと読みます。オイル注入式のアメリカ製のライターで、フリントと呼ばれる着火石をホイールで素早く擦ることで火をつける、非常に堅牢かつ火が消えにくいライターとして有名。今でこそ自分は電子タバコに移行してしまったのでほぼコレクションアイテムでしかなくなってしまったけど、ZIPPOの機能性や形状の美しさに惹かれ、煙草に火をつけるという実用性も満たされるのでこれは随分集めました。随分集めたし随分手放した。無くしてしまったものもあるしあげたものもあるし。

コレクションアイテムとは言ったけどZIPPOに関してはどんなに貴重な値段が張るものでも使ってナンボだと思う。それでこそZIPPOは輝くし、無くしたらそれはそれって感じでガシガシ使ってましたね。ZIPPOの面白いところは『製造年月』が分かるところで。着火機構及びオイルタンク部分を擁する本体と、それを守るためのカバー及びフタ部分の大きくは二つに分離させることができるんだけど、それらに製造年月が分かる記号が入っている。本体は側面に、カバーはボトムと呼ばれる底面に当たる部分に。なので産まれ年の1985年製のZIPPOを血眼になって集めていました。

同い年の道具を使う、コレ、結構好きです。

【自転車】

別の編でも少しだけ触れているのだけど若い頃から自転車が好きで、それはなぜならいじる楽しさと移動手段であるという実用性があるからなんですね。『GIANT』というメーカーのクロスバイクに乗っています。かつてはカーボン製の、なかなかなお値段のロードバイクに乗ってたりもしたんですが、自分の性格上、扱いに非常に気を遣うのでなんか疲れてしまったんですね。なのでクロスバイクという、もう少し街乗りメインのガシガシ乗れる自転車に乗るようになりました。メーカーの選択肢はたくさんあるのですが、なぜ『GIANT』の自転車に乗ってるかと言えば、小学生の頃に誕生日かクリスマスプレゼントにもらった自転車が『GIANT』だったからです。思い出、ですね。

【コンバース】

自分が若い頃、裏方で演出部をやるって時にお金もそんなに無いもんで、コンバースのオールスターに随分助けられましたね。20年くらい前はオールスターのローカットオールブラックが3,980円とかで買えたんですよね。今はどうなんだろう？　足袋、雪駄が禁止という現場も少なくなかったので、転換靴として何足も履き潰した記憶があります。その時の名残と、敬愛する向井秀徳氏がライブで履いてらっしゃることがあったりで、真似してコンバースをよく履きます。何度もリピして買っているのは革のやつ。カジュアル、フォーマルどちらもいける優秀な子です。

【ファーバーカステル&ステッドラー】

どちらもドイツの文房具メーカーです。ファーバーカステルは『世界最古の鉛筆メーカー』と言われている会社で、1761年創業だそうです。すげーな。こちらの色鉛筆と水彩色鉛筆を小学生の頃から使っています。ファーバーカステル以外に国内でも当然、色鉛筆を出している会社はたくさんありますが、個人的にファーバーカステルの色鉛筆の『芯の柔らかさ』が好きですね。ステッドラーは俺が文房具好きになったキッカケのメーカーです。これまた小学生の頃、絵を描くのが好きな俺にだったらこれ使ってみなって親父が製図用のシャープペンシルをくれてそれ以来使い続けています。『親から何かを受け継ぐ』って、いいですよね。

【エメマン】

正式名称は『ジョージアエメラルドマウンテン』、ご存知、日本で一番美味い缶コーヒーです。少なくとも俺はそう思ってます。1日1本、ほぼ毎日欠かさず飲んでると思います。なんで好きになったか、いつから飲んでるかはもう忘れちゃったんだけどある種の験担ぎみたいなもので、気合い入れる時の通勤中とかに飲んでます。柿喰う客やってると身体もなんだけど脳がトロントロンに疲れるので、水分でサクッと糖分摂取できるエメマンが俺にはいいんですよ。ただ、飲み過ぎ注意ですよ皆さん。冬でも冷やで、これ拘り。

【ラッドミュージシャン】

洋服のブランドです。ブランドのコンセプトが好きなのは勿論ですが、やっぱりデザインが良い。非常に良い。モノトーンの服が多く、一見シンプルなデザインなんだけど形やプリントなどどこかしら奇抜で、そのさりげなさが絶妙なんです。好きになったキッカケは2014年上演の『朝日のような夕日をつれて2014』で、演じた『少年』の衣装がラッドミュージシャンだったんですよね。紫のセットアップのスーツ。それ以来、好んで着ています。

【フライターグ】

使われなくなったトラックの幌やシートベルトなど、廃材を利用して新たなものに作り変えるという『アップサイクル』に取り組んでいるスイスのバッグブランドです。自分が自転車乗りなもので、丈夫かつ可愛いメッセンジャーバッグがないかと探していて出会いました。同じ柄が一つもない、というのがまた良いのですよ。店舗の作りもその姿勢も素晴らしくて行くだけでも楽しめちゃう。同業者にも愛用されてる方が多くて、現場で持ってる人見るとめちゃくちゃ盛り上がる。とある先輩から譲り受けたリュックが宝物です。

【スタバ】

いわゆるスターバックスコーヒーですね。別の編でも書きましたが小屋入り期間中はスターバックスラテ買って劇場に入るのがルーティンになってます。自分もコーヒー淹れたり嗜む身なのでコーヒーに関してはそれなりに知識と思い入れがあるのですが、安定して同じ味を提供し続けられるってのは本当に凄いことだと思います。地方公演とかで劇場近くにスタバが無いと、物凄く焦る。

【大食い】

一番のストレス発散方法が大食いです。好きな食べ物を誰に憚ることなく好きなだけ、腹はち切れそうになるまで食べるのが一番気持ちいいんですよね。食べ放題とか行った日にゃテンションぶち上がっちゃいます。いつでもめちゃくちゃ食うかっていうとそんなことはなくて、本当にストレス溜まった時に爆発する。なんなんだろうね。ちなみに中華が一番満足度？ストレス解消度？が高いです。

【裸足】

もし許されるなら、そして倫理的におかしくないのならいつでもどこでも裸足で過ごしたい。稽古とかも。裸足こそが一番機動力が高いと思っているので、よほど寒かったりしなければなるべく裸足で過ごしたいと思ってる。結果、それは身を守るためでもある。足の小指が、他の人よりガバーッと開いちゃうんですよ。だから合わない靴とか履くよりは裸足の方が足が楽なのです。

【散歩】

好きというか趣味というか。カメラについてはまた別の編で詳しく語りますが、カメラ片手に何にも考えずぶらぶら色んなところを歩くのが好き。結構頭でっかちなところあって芝居のこととかぐるぐる考えちゃうので、スッキリさせる為にひたすら散歩して思考整理したり。街や人、景色の移り変わりや建物の変遷とか見ながら散歩するの、良いですよ。このエッセイにも載せた『駅シリーズ』は、散歩中に見た風景とか感覚を書いたものです。

【洗い物】

食器洗うの好き。伝わりづらいかもなんですが、お芝居って台本があって台詞があって相手役の方がいて毎日同じことやっても必ず違う結果や感情に行きついて。ずーっと、答えがないことに立ち向かい続けている感覚なんですね。物語があるのでそういう意味では結論が出るのですが、お芝居は無限の可能性の中から選んだたった一つの選択の、その途中経過の切り取りでしかなくて。これでいいんだろうか？　もっと良くできるんじゃないか？こうした方が豊かになったのにって、後悔とはまた違う逡巡がいっぱいあって。でも洗い物は確実に結論が出る。汚れた皿が綺麗にピカピカになってまた次の食事に使われる。洗い方とかに差はあれど、結論は絶対変わらないんですよね。それが好き。仕事で答えが出ない、なんなら無いことをやってるので、日常の中でこうやって確実な結論を出すことでバランス保ってんのかなぁなんて思いますよ。

他にもまだまだありますが、それはまた別の機会に。好きも拘りも人生と共に移り変わりますからね。争わず、節操なく色んな物事に興味を持って引き続き生きていきたいものです。

ドラマチック冷たい

カメラという道具が好き。

写真という媒体が好き。

本当は旅先とかで画材広げて視た風景を絵にして残したいのだけど、やっぱりそれはなかなか大変だし時間が取れなかったりして。だから代わりに風景を残そうと写真を撮るようになったのが、カメラや写真を好きになったきっかけのひとつです。眼と心に焼き付ければいいじゃないって思うでしょ？ 今視ているものを、その時感じたことを『形として』残したいんですよね。それは後から見返すことができるから、なんですが。好きなんですよ多分、過去を振り返るってのが。間違いなく自分を構築している軌跡を、後になって辿るのが好きなんです。

かつてを、突きつけられたい。その為に写真はうってつけなんです。

初めて自分のお金で買ったカメラはPENTAXのK-xというデジタル一眼レフカメラでした。まだこの頃はカメラに対する知識が皆無だったので、最初の一台にどんなカメラ買えばいいのか見当もつかなかったのですが、色んな実機をとにかく触って『好きな色味』を描写したのがK-x、というかPENTAXのカメラだったのでそれが決め手でした。カメラを選ぶ際、色んな判断基準があると思うのですが俺は圧倒的に『色味』が最優先です。デジタルカメラってどれも一緒だと思うでしょ？ でも会社ごとに特色や得意分野が全然違って面白いんですよ。あの時、最初のカメラにPENTAXを選んだ自分を褒めてあげたい。

カメラの話を存分にしますよ。興味がない人もちょっと見ていっておくれよ。

カメラ遍歴は以下になります。

・フィルムカメラ

【Canon】
EOS Kiss、EOS55
【OLYMPUS】
PEN F、OM-1

・デジタルカメラ

【PENTAX】

PENTAX K-x、PENTAX Q7、PENTAX K-S2、PENTAX MX-1

【RICOH】

GR Ⅲ

【OLYMPUS】

OM-D E-M10 Mark Ⅱ、OM-D E-M1 Mark Ⅲ、OM SYSTEM OM-1 Mark Ⅱ

【SONY】

α7Ⅱ、α7Ⅲ、α7Ⅳ

この中で今でも手元に残っているのはフィルムカメラは全部、デジタルカメラはPENTAX Q7、PENTAX K-S2、PENTAX MX-1、GR Ⅲ、α7Ⅱ、α7Ⅳです。それぞれに思い出があるし語り始めたらキリがないのでいくつかだけ。

■フィルムカメラたちについて

EOSの2台は友人のお父様から譲り受けました。カメラに興味があるみたいだから良かったら使ってやってくれないかと。OLYMPUSのPEN Fは祖父→親父→俺へと渡ってきました。OM-1は非常にお世話になっている音響さんが良かったら使ってって譲ってくれました。

ここに、カメラという道具の醍醐味があると思っています。先ほど挙げたフィルムカメラの中で一番旧いのはPEN Fで1963年発売、新しいやつでもEOS Kissで1993年発売なんですね。きちんとメンテナンスしてあげれば本当に長い時間使えるんです。カビや汚れはありますが全てのフィルムカメラが現役で使えています。そして何より『受け継ぐ』というのが堪らない。全てのカメラにオーナーさんの思い入れが籠っていて、家族の思い出や一生懸命働いて買ったとか一緒に旅をしたとか本当に様々な思い出があるはずなんです。それも含めて受け継ぐ。そしてまた次の人にそれを継いでいく。

『受け継ぐ』についてはまた別の編で詳しく。

■PENTAX K-S2

PENTAX K-xでPENTAX製のカメラに味を占めて、ステップアップのために買ったのがK-S2でした。このカメラは防塵防滴といって、限度はありますが多少の雨や砂埃などに強い作りになっていたので他のカメラよりは気楽に使えたんです。なので本当に色んなところに連れて行ったし、雨の中でも海風吹き荒ぶ海岸沿いでも撮影したり、確か鳥取砂丘に持って行ったのもこの子でした。酷使がたたってセンサーが故障してしまい、今ではお休みしていますが手元に置いています。

■OM-D E-M10 Mark II

PENTAX K-S2と並行して使っていたのがOM-D E-M10 Mark IIでした。ミラーレス一眼カメラデビュー機です。デジタルカメラには例えばコンパクトデジカメとかデジタル一眼レフとかミラーレスとか種類があるんですがここでの説明は割愛します。ミラーレス特有の取り回しの軽さと『青色』の描写に惚れて購入したんですが、ここからOLYMPUS狂いになっていきます。先ほど話した譲り受けたカメラがOLYMPUS製だったのが、なんだか運命的な導きのように感じたというのもあります。祖父、親父が使っていたんなら間違いないだろうと。そういうのが好きなんです。

■α7 II

フルサイズデビュー機です。フルサイズなのをいいことにオールドレンズに目覚めます。『オールドレンズ』とは一般的にカメラにオートフォーカスが導入される前の、フィルムカメラ時代に使われていたレンズのことを指します。フルサイズという種類のデジタルカメラは、簡単に言うとオールドレンズの画角を昔の画角のまま撮影することができるのです。前のオーナーさんに思いを馳せながら、オールドレンズを最新のデジタルカメラに搭載して写真を撮る。このロマンが好きなんですよね。また、オールドレンズを使うことで何というか撮影の手間が増えてまたそれが良いのです。カメラのことをより知ろうとしたり、上手くいかない撮影にヤキモキしたり、カメラと撮影という行為により一層愛着が湧くキッカケになったのです。

■GR III

コンパクトデジタルカメラです。ズーム機能などはなく、小さな身体にとてつもない頭脳を積んだある意味無駄を削いだ、ただただ写真を撮るためだけのカメラ。憧れの写真家、森山大道さんが使っていると聞いてお迎えしたカメラですそうですミーハー心です。そもそも、最初に写真に興味を持ったのは森山大道さんの『新宿』という写真集を読んだからでした。15、16歳とかだったと思います。バッキバキの白と黒のコントラスト。荒々しくささくれ立った風景描写。そこに存在する街と人間の圧倒的現実。それがめちゃくちゃカッコ良いしドキドキしたんですよね。自分もこういう世界を切り取りたい、切り取って誰かに突きつけたい叫びたいって思った。絵では表現できない、写真でなら表現できる今の自分の『欲求』みたいなものがあるかもしれない。そうして写真にのめり込んでいったのでした。

最初に書いた突きつけたい叫びたい相手というのは他でもない自分自身なんだと思います。写真に撮って、残して、それを記憶ってことにして。見返して、見返して、見返して。おまえこんな風景視てたんだぞ。じゃあ今そこで何を視てる。どうなった。どこにいるどこに立ってるって。そうして一人では抱えきれない突きつけられたモノを、一緒に抱えてくれたら嬉しいな、共感してくれたら嬉しいなって披露しているんだと思います。

だから。カメラという道具が好き。写真という媒体が好き。

春夏冬

皆さん、『春夏冬』と書いてなんて読むかご存知ですか？

正確には『春夏冬二升五合』と書きます。これは江戸時代のころから庶民の間で楽しまれていた『判じ物』という言葉遊びで、『春夏冬二升五合』と書いて『商いますます繁盛』と読みます。

春夏冬＝秋無い＝商い
二升《にしょう》＝升升《ますが二つ》＝ますます
五合＝一升の半分＝半升《はんじょう》＝繁盛

ということです。転じて『春夏冬』は飲食店などの看板に使われ、営業中であることを意味します。

本題。ある方から、『玉置さんと作品を一緒に創ることができて得しました』というお言葉をいただいた。こういう言葉が実は一番嬉しかったりする。詳しく聞くと、そばで芝居を見ているとワクワクするしその姿を見て今日も自分の仕事頑張ろうと思えたり、こんな取り組み方があるのかと発見があったりで、自分にとってプラスに働くことがたくさんあったんだそうです。

なんて嬉しいお言葉だろうか。楽しかったですとか刺激になりました勉強になりましたって表現はよく聞くけど、初めていただいた『得しました』という言葉がなんだか妙にしっくりきて、あぁ、自分がお芝居でやりたいことが今、少しずつ具現化できているのかもしれないなって思ったんですね。

『役に立つ俳優』というのが、現時点では理想としている俳優像。もう少し適切な言い方あるかもしれませんが、なんというか、『役に立つ』が絶妙なんですよ。これは視聴者の方やお客様から見てではなくて座組にとって役に立つということなんですけど。

そんな『役に立つ俳優』を目指す上で心掛けていることをお話しさせていただきます。

その①【独りよがりにならない】

必ず他者が存在する仕事なので自分がやりたいことは二の次三の次で、『一緒』に何がやりたいか、何ができるかを考えるようにしてます。俳優業の師匠から昔言われたのは『演劇は自分の中にも相手の中にも無く、自分と相手の間に存在していてそれをどんどん膨らませていくことなんだよ』ってのがあって、本当にそうだなと思っています。独りでできることにはどうしても限界あるし独りで闘ってるとどんどん気が滅入っちゃうので、存分に他者を頼るようにしています。

その②【自分に期待しない】

自分が芝居でできることなんてたかが知れている、自分の存在なんて大したものじゃないと、ちゃんと意識するようにしています。めちゃくちゃネガティブに思われるかもしれませんがそうではなくて、そう思うことでいつでも全力でいられるようにするためです。言葉を選ばずに言えば、経験と手癖である程度の芝居ができるようになってくるし、究極的には外から見た時に『そう見える』芝居をやっていれば良いんです。でもそれじゃあまりにも寂しいしそれだけでは生まれないものがあるんですよね。必死こいて心血注がないと返ってくるものも返ってこないのは経験から分かったから。そのためにです。あと自分に期待し過ぎるとその期待に『応えられてない』って自分が思っちゃった時にポキっと折れちゃうから。期待なんてものは自分にはせず他人にしましょう。そしてそれも、期待した自分に責任を持ってもし万が一期待に応えてもらえなくても、相手を恨んだりしないように。勝手に期待しといてそれは、お門違いもいいところだから。応えてもらえたらラッキーだなって、ご褒美くらいのつもりでいると非常に楽です。

その③【愚かでいる】

これはなんとも説明が難しいんですが、現場の雰囲気のためです。幸い自分は素敵な先輩方に恵まれた現場が多くて、皆さんに共通しているのは『人格者』だというところなんですよね。そしてそういう方がいる現場は決まって雰囲気が良かったり風通しが良いのです。周りはその人のために尽くそうとか、この人についていこうと自然に思うことができて現場の士気がグンと上がります。辛辣な物言いをしますお許しください。年長者や先輩、できる人間が偉そうにふんぞり返って威張り散らしている現場は、ハッキリ言って居心地悪いしやる気を削がれます。もちろんその方にも考えや思想があってそういう振る舞いをしてらっしゃるんでしょうが、俺はどうしてもそこに同調はできない。できないし、とてもじゃないがそれで人の心を震わす作品が生まれるとは思えないです。他者を尊重して敬い、年齢とかキャリアとか上とか下とか関係なく、何を強制するでもなく無理なく和を整えている現場こそ有意義な創作ができていると実感しています。その和を整えるために俺は『愚かでいる』ようにしていて、進んで失敗もするしおふざけもするし、できるフリしないで分からないことは素直に分からないって言うようにしています。『人格者』でいられたらいいのでしょうけど、それを決めるのは自分じゃないですからね。『愚か』という表現が自分には合っています。

その④【供給し続ける】

今までの心掛けていること全てに通ずる話ではあるんですが、自分ではなく誰かのために存在する意識を持つようにしています。こう言うとなんだか偉そうな物言いになっちゃいますが、自分が座組にいることで例えば誰かが本領を発揮できるようになるとか、自分と絡むと活き活きして見えるとか、座組の雰囲気が良くなるとか、演出が楽できるとかそうあれるよう意識して座組に存在するようにしています。願わくばこれが相互で、更に言えば座組全体でそうなれば無限に膨らみ続けることができるのでそういう意識を持てるよう、持っていただけるよう振る舞ったり誘ったりするのも大事だったりします。だから複合かな。独りよがりにならないで他者をちゃんと意識して、でもそこに過度な期待は設けず全力でいて、自分が愚かでいることで信頼を得て、こちらの思惑や思いを受け取ってもらいやすい受け取りやすい、そしてそれらが浸透しやすくなる状況をつくる、といったところでしょうか。

その⑤【犠牲をつくらない】

今現在の自分にはこれが一番大事かもしれません。お芝居や作品のために何か一つでも犠牲を生まないよう心掛ける。例えば睡眠時間や家族との時間、金銭的なこともそうだし食事や趣味の時間とか、尊厳や意思、考え方とかもそうです。それから、これは人として当たり前のことですが薬物や酒、違法行為や犯罪に頼らないと作品が作れないみたいなことは論外です。そんなものに頼らなくても作品はつくれますし感動を生み出せます。そんなもので自分を犠牲にするべきではないです。自分もだし自分の身の周りの人も悲しい思いしたくないしさせたくないんですよ。全部が全部守れるかといったらそうではないかもしれませんが、だけどそこで妥協せずどうにか一つでも。無理してこの仕事に携わっていたくはないんです。心底から愛していたいんですね。何かを犠牲にしてしまうとそう思ってしまうと、そこからジクジクと後悔とか自責の念みたいのが拡がっていってどうしてもネガティブになってしまう、お芝居嫌いになってしまうので。そのための自衛の手段として、自分でちゃんと判断してあらゆるものとお芝居を天秤にかけて測る。盲目的にならない。やり甲斐のために色んなもの捧げることができてしまう職業なので。願わくば、『これを犠牲にしないとお芝居が続けられない』って思うんじゃなく、『犠牲にするくらいならお芝居やらなくてもいいや』くらいに思えると豊かなんですが。それが一番難しいんだけどそれくらいの気概で。特に自分は日常生活が大切なので、そこが脅かされないように選択しながら俳優業と付き合っていいます。なので、自分が自分を信じて、揺るぎない後悔のない選択をするってのも大事かもしれませんね。自分を守るのも壊すのもその責任はまず自分にある。だからちゃんと向き合って考える。これが大事。

こんな感じでしょうか。

自分が俳優として心掛けていること、文章にするのってめちゃくちゃ恥ずかしいし難しいんだなって、今回これ書いていて思いました。目に見えないモノゴトを説明するのは難しい。俳優としての自分の設計図みたいで、いつか未来に自分が見返した時が楽しみです。40歳くらいの時、こいつこんなこと思ってたんだなぁって。

エッセイなんで自分に寄せた書き方しましたけど、案外演劇全く関係ない日常生活にも活かせるようなこともあって、向き不向きはあるでしょうがこれらの考え方、オススメですよ。もし良かったら実践してみてくださいませ。合わなかったらゴメン。

最後に元も子もないことを。

色々書きましたけど、結局一番いいのは心掛けていることとかに拘らず、自由に楽しくこの仕事に携わっていくのがいいんだと思います。そりゃ自分も、若い頃はある意味戦略的に『どうやったら俳優として売れるか』みたいなことをアレコレ考えながら活動してきましたが、40歳ともなるとそういうこと考えるのも億劫になってくるし面倒臭くなってくるし、もうただただやりたいことを邪念なく邪魔なく徹底的にやりたいんですよね。
なんも考えず何にも囚われずやりたい芝居やれたら、一番健全にこの仕事を続けられるんじゃないかって思ってます。

自由に、楽しく。

高津駅にて

スマートフォンの画面に向けて『死ねよ』と囁く女子高生。

隣にいる同級生は意に介さずSNSの動画の話で盛り上がっている。

おいおい嘘だろ。

そんな言葉が飛び出すような流れも、見た目も、雰囲気も皆無だったというのに。

突拍子もない物騒に思わず耳を疑いました。

何よりこの街に似つかわしくないよそんな言葉は。

いや、どんな街でも似つかわしくないか。

『親父からだわ』という女子高生。

いやいや嘘だろ。

アナタ、父親のことを『親父』と呼ぶタイプの方？

本当に？

俺ですら自分の父親を『親父』と呼び始める時にいくらか気を遣った、というか意を決した、というかなんというか。


例えそこに本人がおらずとも。

そして父親の何が逆鱗に触れて君にそんな突拍子もない物騒を囁かせたのさ。

それでも隣の同級生は未だSNSに夢中で。

もしかしたら俺にだけ降りかかったのかあの物騒の火の粉は。

裏方の日々 第一話

色んな媒体のインタビューで『裏方をやっていました』と公言している訳ですが、あまり具体的にその話をしてこなかったなと思うので是非ここで。

前提としてこの話をするのは、これを読んでくださっている方が自分の人となりや過去を知ってくださって楽しんでいただくってのが大部分ですが、裏方さんってこんなことをしてるんだって、また違った視点で舞台の世界を楽しんでもらえるようになったらいいなと思ってのことです。

あと、歩んできた道のりやお師匠さんや先輩の教え方、会社などによって裏方のやり方や技術や考え方は違うので、その点どうか悪しからず。あくまで俺が歩んできた裏方の話、ですので。

自分は元々画家になりたくて、確か小学校3年生くらいの時から絵画教室に通ってました。最終的には油絵を専攻していて美大に入ろうとも試みたのですが、学力も必要だということが分かったのと、自分の画力なんかじゃ到底画家になるのは難しいことを自覚して諦めました。そんなに甘い世界ではなかったです。高校は演劇を教えてくれる学校だったのですが、教えてくれるのは主にミュージカルについてだったので肌に合わないなと思っていたり。2年生の先輩方の公演が春と秋、3年生の卒業公演が年末頃だったかな?にあるので、1年生及び出演しない公演にはスタッフとして参加することになるのです。やることは多岐に渡るのですが自分は『舞台監督』をやってました。同時に舞台装置を作るいわゆる『大道具』の作業もやっていて、これが非常に楽しかった。小さい頃から木工作業が好きだったのと前述の通り画家になりたかったのもあって、舞台装置を作るのが本当に楽しかったし『こういう形で絵に携わる仕事があるのか』と目から鱗だったのを覚えています。

勝手に、ではありますが師匠と呼べる方がいて、自分が2年生の時の卒業公演についてくださったプロの舞台監督の方なんですが、その方との出会いがその後の人生を左右することになります。美大進学も諦め、舞台美術というものに出会い、ミュージカルも肌に合わずどうしたもんかと思っていた俺は、そのプロの舞台監督の方に

『弟子にしてください』と嘆願しました。不思議と、断られるとは思ってませんでした。当時17歳。そんな鼻垂れ小僧の人生を預かるとなると、簡単には『いいよ』と言えないとは思うのです。後で聞いた話ですがその方は、自分がこの子の人生左右していいのだろうかと当時、物凄く悩んだそうで。そりゃそうですよね。

『舞台美術をやるにしても知識や経験は必要だと思うから、ひとまず見習いという形で俺の下で働いてみたらい い』。

こうして在学中から、裏方の仕事を始めるようになったのです。とはいえ、平日は朝から授業があるので在学中に参加できたのはほとんどが日曜日のバラシのタイミングだけ。

舞台の裏方には様々な仕事、部署があるのですが以下箇条書きで軽く説明させていただきます。

■舞台監督

舞台やコンサートを滞りなく進めるために、稽古及びリハ段階から演出家並びに各部署のスタッフさんの意向を取りまとめ指示を出したり進行をまとめる存在。それは本番が始まってからも変わらないが加えて本番では演出部（後述）に転換のきっかけを出したり劇場スタッフさんに電動バトンのアップダウンのきっかけを出したりもする。本番中、万が一トラブルが起きた際などには上演を続行するかどうかの判断も任される。舞台美術家が起こした装置のデザインなどを元に、仕込み図（後述）や平面図（シーンごとに舞台上に出ている装置などが書かれた舞台の間取り図のようなもの）、転換図(平面図に、転換する装置の動きや格納場所などを書き加えたもの）を書くのも概ね舞台監督の仕事。

■舞台美術

舞台やコンサートなどにおいて舞台上の空間デザインをする存在。デザイン、つまり絵だけ描いて装置を実際に作るのはまた別の方々がやる場合もあれば、装置の製作までやる人もいる。俺は後者でした。台本を読み演出家と打ち合わせをして装置を具現化していくことになるので、その人自身のセンスが遺憾なく発揮される。自分が経験した海外の方の現場では舞台美術家が舞台上にあるデザイン的要素を全て取り仕切る、つまり照明や衣装のデザインを担う場合もあった。道具帖（舞台装置の設計図。どうぐちょうと読む）も描く。

■演出部

演出家、とはまた別の役職。舞台監督が本番中の進行管理をする存在だとすれば演出部は実働隊といったところ。装置を転換したり、ハケた（舞台上から去った）俳優さんの介錯（暗い足元を明かりで照らしたりケアすること）をしたり、早替え（次の出番までに時間がない中、別の衣装に着替えること）を手伝ったり。いわゆる『黒子さん』をイメージしてもらえたら分かりやすいかもしれない。基本はお客様に見えないように行動するが、作品や演出の意向によっては衣装を着て、まるで出演者のようにお客様に見える形で転換する場合もある。これがめちゃくちゃ恥ずかしい。

■演出助手

舞台監督に比べると、より俳優や芝居の部分に寄り添って各部署を取りまとめたり演出家のサポートをしたりする存在。稽古場では主に稽古の進め方の方針を決めたり、シーンごとに尺（時間のこと）が何分くらいか計ったり、現場によっては音響さんの代わりに音を出したりプロンプ（出演者の台詞が出ない時に促すようにサポートで台詞を出すこと）をやってくれたり。俳優へのアドバイス、演出家へのアドバイスをする方もいる。個人的には俳優にとって一番大切な存在だと思っています。

■音響

プランナーとオペレーターに分かれている場合が多いが、兼任される方もいらっしゃる。プランナーは台本を読み演出家と打ち合わせをして、芝居に必要な音楽を探してきたり用意したり、作曲家がいる場合は音源を受け取り加工したり。流す音楽の音量や響き具合をそのシーンや劇場ごとに定めて環境を作る。オペレーターは本番で実際に卓と呼ばれる機械で音を出すのはもちろん、俳優や芝居の調子で日々変わるキッカケ（例えば音を出したり照明が変わったりするタイミングのこと）を拾って臨機応変に対応してくださったり。アクションや殺陣がある作品で、打撃音や斬撃音がＳＥ（サウンドエフェクトの略、効果音）で入る場合は、サンプラー（スイッチ一つ一つに音を記録して、押せばその音のみを出せるようにする機械）を叩くための専門の方を立てたりもする。ワイヤレスマイクをつける舞台では舞台袖に専門の担当の方が居て調整や対応をしてくださる。

■照明

こちらもプランナーとオペレーターに分かれている場合が多いが兼任する方もいらっしゃる。プランナーは台本を読み演出家と打ち合わせをして、そのシーンに必要な照明効果を考える方。明かりの色味や使う機材、舞台のどこからどのくらいの強さで何を照らすのかをデザインする。

音響、照明ともに、プランナーの方は『仕込み図』を書くのも大事な仕事。これは舞台上のどこになんの機材を吊るのか、置くのかを示した舞台の設計図のようなもので、舞台監督、音響、照明、場合によっては演出、演出助手、俳優にも共有される。仕込み図は各プランナーから劇場側に提出され、これによって例えば劇場備品の何を使用するのか、舞台の規模はどれくらいか、使用電力数がどのくらいか、劇場を使用する上で危険はないかなどなどが劇場側にも周知される。各部署、仕込みの際はこの仕込み図を元に装置や照明、スピーカーなどを建て込むことになり、これにより仕込みの日にしか来ない方にもひと目見れば何がどう仕込まれるのかある程度分かるようになっている。照明のオペレーターも、本番は卓と呼ばれる機械でキッカケを拾って照明効果を出すのは一緒である。また、客席後方上空にあるピンルームという場所から、ピンスポット（狙った場所のみを照らすことができる可動式の照明機材。主に俳優を際立たせることに使われる）を操作するための専門の方もいる。

■衣装

プランナーは衣装のデザイン、方向性、色味や形を決める方。場合によっては製作をする方もいらっしゃる。スタイリスト的な動きをする方も。舞台の演出部のように本番につく実働の方もいて、日々の衣装の管理、本番中の早替えの手伝い、終演後の洗濯などをやってくださる。稽古期間中のどこかで『衣装合わせ』という、プランナーさんが立てたプランを元に実際に作ったり借りてきたりした衣装を俳優が着て演出家に見せる日があって、採寸やデザインを元に用意した衣装も実際に見てみたり着てみたり、あるいは同じシーンに出演する人たちが一堂に会してみると変更点が出たりするもので、プランナーは演出家や俳優の意向を聞いて修正したりする。この日は先述した実働の衣装さんに加えて製作してくださった方々も現場に来て、プランナーから修正案をもらってその場で丈を詰めたりボタンやポケットを増やしたり、持ち帰って後日作り直してきてくださったりする。

■ヘアメイク

プランナーは演出家や俳優と相談、打ち合わせをしてその役の髪型やメイクの方向性を決める方。作品によってはカツラやウィッグが必要になる場合もあって、その判断や手配も概ねプランナーがする。稽古期間中や衣装合わせの日などに俳優個々と打ち合わせや相談をして、髪型やメイクの方針を擦り合わせする。衣装部と同じく本番についてくださる実働の方がいて、本番前のヘアセットや本番中の早替えの手伝い、カツラやウィッグの管理とケアなどをしてくださる。和物などで髷《まげ》などが必要な場合はヘアメイクさんとは別に床山さんが立てられる場合もある。ちなみに、髪型のセットやメイクを自分でやるかヘアメイクさんにやっていただくかは現場の方針やメイクの規模、本人の意向による。例えば『柿喰う客』の場合は、プランナーさんに髪型やメイクの方向性を決めていただき本番中のセットなどは全て自分で行う。『朝日のような夕日をつれて２０２４』の場合は、メイクは自分で済ませて髪型は本番についてくださるヘアメイクさんにやっていただく、という形でした。

主要な部署について説明させていただきました。ここに、作品や現場によっては『振付』『音楽』『映像』などの部署が加わる感じです。

長くなりましたね。続きはまた、後ほど。

DAIGO MATSUI

玉置玲央×松居大悟

事務所同期の二人が抱く
お互いへの信頼とリスペクト

初対面の印象は「何なんだ、この生き物は」

松居 この間、ある人と「柿喰う客を初めて見たのいつですか？」って話をしていて思い出したんだけど、多分初めて見たのは2008年にやっていた『俺を縛れ！』なんだよね。僕が劇団（ゴジゲン）を立ち上げる年で「柿喰う客という劇団がすごいらしい」って話題になっていたから観に行ったの。そしたら、玲央が全裸になって暴れている中で暗転して終わって。それを見て「何なんだ、この生き物は」と思ったし、「この人と関わることはこの先ないんだろうな」って思った。やっている劇自体も自分のやりたいものとは真逆だったし。ゴジゲンは後ろ向いてボソボソしゃべる系だけど、柿は客席に向かってガッと伝えていく。その真ん中にいるのが玲央だったから、僕にとってすごく異物だった。

玉置 そうだったんだ。

松居 その後ゴーチに所属することが決まるんだけど、その時に、「松居くんと一緒に玉置玲央ってやつが入るんだけど、知ってる？」って聞かれて。『俺を縛れ！』を観ていたから「あいつかよ！」って（笑）。

玉置 「あの全裸のやつが」って？（笑）

松居 うん。「嫌だな」って思った。

玉置 「嫌だな」って思ってたんだ！（笑）

松居 でも、そもそもの話をすると、自分は阿佐ヶ谷スパイダースを観て「演劇って面白そう！」と思って、その後ヨーロッパ企画を観て「自分も作ってみたい！」と作り始めて。阿佐ヶ谷スパイダースをやっているゴーチ・ブラザーズから声をかけてもらったから、入ろうって思ったの。同期は嫌だけど（笑）。

玉置 でもゴーチ・ブラザーズを目指して活動していたわけじゃなかったんでしょ？

松居 じゃない、じゃない。

玉置 俺もそうで。阿佐スパの「ポルノ」っていう作品を昔に観てて、すごいと思っていたら、声をかけてくれたのがそのゴーチ・ブラザーズで。だったら信頼できると思って入った。

松居 演劇を好きになるきっかけは一緒で、でも出会った演出家やその表現方法は違うのに、結果同じ事務所に入って。それで僕のプロデュース公演に出てもらったりしている仲。すごく不思議だよね。何が繋いでくれた縁で今でも続いているのか、不思議な感じがする。

玉置 確かにね。ずっとベタで一緒にいるわけじゃないじゃない？　事務所の同期だけど、劇団は別だし、俺は松居大悟作品のレギュラー俳優でもない。もしベタで一緒にいたら嫌いになっていたかもって思う。

松居 そうそう。

玉置 俺は初めて会ったのがいつだったのかもあまり覚えていないんだよね。同期に松居大悟ってやつがいると聞いて、ゴジゲンを観に行った時に挨拶したのは覚えているけど……。

松居 でもその時も別に会話は弾んでないよね（笑）。

玉置 そうそう（笑）。

松居 当時、事務所で毎年6月にバーベキューをやっていて。事務所みんなが集まる会だから、その時に話したんだと思うけど……。

玉置 話した！

松居 そうだ、俺は中屋敷（法仁／「柿喰う客」主宰）が嫌いで、玲央も中屋敷が嫌いで。

玉置 「気が合うね！」って（笑）。さっき、松居大悟とずっと一緒にいたら嫌いになっていただろうなと言ったけど、まさにその現象が、俺は中屋敷に対して起きていて。一緒に劇団をやっているし、付き合いも20年になるから、見たくない部分もいっぱい見てきている。そうなると、同じ事務所で、中屋敷と同じように演出もやって脚本も書く松居大悟と一緒にいる方が、中屋敷といるよりも居心地がいいんだよね。だから「俺は中屋敷が好きじゃない」という話をしたら「気が合うな」って（笑）。

松居 自分が劇団員の目次（立樹）と、どう話していいかわからないのと近いのかも。それで、「嬉しいよ」と。「何なら玲央が言うのが一番説得力あるよ」と（笑）。

玉置 「よく知ってる玉置が言うなら間違いないな」って？（笑）

松居 その後、僕が演劇を一度休んでいた時に、ゴーチで演劇回帰プロジェクトを立ち上げることになって。そこで「何がやりたい？」と言われて、長塚圭史さんの『イヌの日』をやりたいと言ったのよね。『イヌの日』は中津というヤバい男が、小学生時代の初恋の女の子を15年間防空壕に監禁する話なんだけど、途中で中津から留守番を頼まれる広瀬という役を、玲央にやってほしいとお願いした。僕は玲央の芝居を見ていて、出力がすごい人だなと思っていたんだけど、それを封じた玲央と一緒にやってみたいと思って。

玉置 へぇ！　そういう意図だったんだ。当時も「俺が中津のパターンもあったんじゃないか」って話をしたよね。

松居 そうそう。何なら読み合わせをやっても、玲央は中津の方がしっくりくる。実際に中津を演じたのは尾上寛之で、当時は尾上の方が受けの芝居のイメージだったんだよね。ふにゃふにゃして困り顔して、みたいな。でも玲央が振り回される広瀬をやっているのを見て、見たことのない玲央のお芝居を作れているのが楽しかった。そうして自分も演劇に戻れた。そのあたりから信用し合うようになった気がする。

玉置 そうだね。

大杉漣さんからもらった言葉

松居 今日話したいと思っていたことが一つあっ

て。

玉置 何、何？

松居 大杉漣さんのこと。漣さんは自分が監督を務めたドラマ「バイプレイヤーズ～もしも名脇役がテレ東朝ドラで無人島生活したら～」（2018年）の撮影中に亡くなってしまって。当時、玲央から連絡をもらったんだけど、その時俺は玲央が映画「教誨師」（大杉漣が主演・エグゼクティブプロデューサーを務めた、2018年）に出ることを知らなかったから、「教誨師」の時に漣さんとどういう話をしていたのか、今日聞きたいなって。

玉置 そっか、そういう話してなかったか。これも運命的というか、同期で漣さんと深く関わってきた同士だったから、あの時「大悟なら気持ちがわかるかも」って思って連絡したんだよ。

松居 うんうん。

玉置 「教誨師」の時はね、全然普通だった。わかんないけど、多分「バイプレイヤーズ」の現場にいる漣さんと変わらないと思う。

松居 そうなんだ。じゃあ本当に自然体で？

玉置 うん。あの作品の撮影って、現場の教誨室と俳優の控え室を、美術さんが建てたパネル1枚で区切っているだけだったのね。

松居　ええ、そうだったんだ！　それであの芝居してるの!?

玉置 そう。わけわかんないでしょ？（笑）。しかも会話劇だから、完全に一対一で、一人につき2～3日。その間、漣さんにしか会わないの。

松居 なるほど。

玉置 で、ある時、その控え室で漣さんがセリフを言い出して。相手役をやった方がいいのかなと思って、二人でセリフを合わせていたらだんだんヒートアップしていっちゃって。周りのスタッフさんたちがカメラ位置を決め出したりして、漣さんがそのまま「もうやろう！」と言って、本番の部屋に移動したのね。

松居 うんうん。

玉置　そもそも「教誨師」の時、俺、役作りにすごく手こずってたの。映画のやり方もわからないし、役も難しいしで、ずっと迷いながらやっていた。漣さんがそれに気付いていたのかはわからないけど、その突然始まったセリフ合わせからセットに移動する時に、漣さんがぼそっと俺に「でも、心の底からお芝居をやっていれば、それが役になるからね。大丈夫でしょう」と言ってくれて。その言葉は、「教誨師」もそうだし、その後の演劇人生の中でも、ものすごく道標になった。「大杉漣さんがそう言ってくれたんだったら、その通りにやっていったらいいや」って思えた。それは、「教誨師」の期間の中で一番印象に残っていることだな。

松居　いい話！　そういう話で言うと、「バイプレイヤーズ」を撮っている時、基本は楽しくやってたんだけど、時折おじさんたちが楽しくなりすぎちゃって、自分の言うことを聞いてくれないことがあって（笑）。困っていたら、漣さんが「役者なんて好きなことやってるだけだから。でも芝居はやるんで、監督は好きなように撮ってくださいね」って言ってくれて。その言葉が、「必要以上に気を遣わなくていいんだ」「何かに合わせたりせずに自分が信じたものをやっていいんだ」と思わせてくれたっていうのはある。

玉置　へぇ！　なんか不思議な距離感の人だったよね。友達みたいでもあるし、親父みたいでもあるし。大悟は、俳優と監督という関係だったからまた違うかもしれないけど。

松居　あのキャリアなのに、それこそ僕らみたいな、息子さんくらいの年齢の人に対しても全然下に見ないし、気を遣わせない振る舞いをしてくださる。そういうのが嬉しかったし、宝物をもらったような感じがした。

玉置　ちょっと大袈裟だけど、この気持ちだけでも継いでいかなきゃって、すごく思うよね。

松居　うん。それでその一連の出来事を経て、この仕事を一生辞められないなと思った。

玲央がいると周りの人たちも自然と上がっていく

玉置　今日はお互いの印象についても話をしたいなと思っていて。

松居　うんうん。

玉置 俺は、松居大悟に対して、演出家としても監督としてもすごく優しい人なんだなと思っていて。それは怒ったりしないという意味での「優しい」じゃなくて、座組や戯曲、演出すべてにおいて、作品というものの調和をものすごく大切にする演出家なんだなって。初めて大悟の作品に出た『イヌの日』（2016年）の時から思ってた。

松居 へぇ！

玉置 大悟自身がどう思っているのかはわからないけど、俺はそれがすごく心地よかった。それが中屋敷とは……ってすぐ引き合いに出しちゃうけど（笑）、中屋敷は良くも悪くも、人の気持ちを考えずに作品を作るタイプだから。

松居 多分俺も休止前はそういうところがあって。

玉置 そうなんだ。

松居 結構イライラして「なんで俺の思ってる通りにできないんだ！」とか言ったりしていて。でもそれが楽しくないなと気付いたの。演劇をやるときって、集まった人たちの出自も違うし、芝居のタイプも作り方も違うから、「松居くんが形作っていかないと成立しないよ」みたいなことも言われたんだけど、それで俺がゴリゴリ進めていっても楽しくなかった。だから、そうじゃなくて、自分たちで気付いてアイデアを出し合って作っていく現場にしたかった。そういう現場作りは意識的にやったし、それこそ『イヌの日』では玲央とかゴジゲンのメンバーがそれを酌んで動いてくれたから。それはありがたかったな。

玉置 その後一緒にやった2019年の『みみばしる』でも2021年の『Birdland』でも、変わらずにきちんと人の意見や思いを酌んで、座長と一緒に調和を考えて整えて、みんなでいい作品を作ろうぜっていうタイプの人だなって思った。その方針は、その後も貫いている？

松居 うん、それは意識して貫いてる。というか、究極な話、自分で全部固めていくと、その人じゃなくてもいいものになっちゃうじゃない？　でも俺はそういうものは絶対に作りたくないと思っていた。〝この座組だから〟、〝この役者だから〟、〝このスタッフだから〟できたものじゃないと、総合芸術をやる必要ないなって。自分の中では、演劇でも映画でも、総合芸術なら〝人が表現する〟ということが、一番大切にしていることなんだと思う。

玉置 なるほどね。

松居　玲央は、何でも演出したくなる俳優。ちょっと無理も言えるし。それと、やっぱり玲央と一緒にやる俳優が良くなる、というのはすごく感じる。

玉置　へぇ！

松居　一緒にやった『イヌの日』『みみばしる』『Birdland』はどれも、主人公か主人公の相方くらいの役をお願いしたんだけど、そういうところに置きたくなるんだよね。玲央が作品全体を見てくれるというのもそうだし、玲央がいると周りの人たちも自然と上がっていくから。そんな役者はあんまりいないなって思う。少なくともうちの劇団にはいない（笑）。

玉置　それって、どういうことなんだろうね。

松居　単純に、周りの俳優が、玲央の稽古やお芝居に対する取り組み方を近くで見ているというのもそうだし……玲央は何をぶつけても返せるから、そういうことをしていくうちにみんな良くなっていくんだと思う。

玉置　褒めるね〜！（笑）

松居　いやいや。今日はそういう会だから（笑）。

玉置　ちょっと話がズレちゃうんだけど、この間までやっていた舞台『朝日のような夕日をつれて2024』では、俺は明確に、意図的に自分が完全なる下支えになると決めて挑んでいたの。

松居　へぇ！

玉置　みんながどういうふうに稽古をして、どういうふうに鴻上さん（作・演出を手がけた鴻上尚史）と向き合って、どういうふうにこの歴史のある作品を作っていくかということを見て、その上で、自分が全体をブーストするつもりでやったの。そんな自分は、側から見てもそう見えるのかなというのはずっと気になっていて。俺は、自分はワントッププレイヤーだとは思わない。そういうタイプじゃないし、そうやって作品を作るのも好きじゃない。それよりもみんなで足並み揃えて、まろやかに、みんなで一丸となって作る作品の方が面白いと思うタイプ。

松居　わかる、わかる。『リア王』でエドマンドを演じている玲央を見て、「玲央はここなんだよ」って思った。劇の中にはずっと存在しているんだけど、ずっとドリブルをしているわけじゃない。でもそこにいるから、パスをしたら返してくれる、みたいな。玲央の劇を見たことがある人は、表現が大きくて滑舌もよくできるとか、大きい芝居ができるとか、そ

ういうことを思いがちなんだけど、玲央の一番の良さは、受けの芝居ができて、座組全体のムードを作ることができること。だから今の玲央がある気がする。主演ばかりやっていたらまた違う表現になっていくだろうから、それが良いことなのかはわからないけど……。

玉置 いや、嬉しい。俺はこの立ち位置で作品を作るのが楽しいんだよね。

松居 稽古場に来るのも早いよね。例えば「13時に始めます、オープンは12時です」っていう日に、12時に稽古場に行ったらもう玲央がいたりして。

玉置 もう着替えも終えた状態でね（笑）。

松居 そうそう。そうやって玲央がいると、他の役者が稽古場に入ってきて、すぐ相談できるし、「玲央、早いな」と思ってみんな少しずつ早く来るようになって自然と話し合う時間になったり。

玉置 便利だね（笑）。カンパニーに一人欲しいね（笑）。

松居 そうだね。

松居 玲央の弱点、思い出した！

玉置 弱点？

松居 こんな感じだから、スタッフも含めて座組の

みんなが「こうした方がいいんじゃない?」「やっぱりここはもうちょっと……」みたいな話を、玲央にするじゃん。そしたら、玲央は全部実現させようとしてめちゃくちゃになっちゃうことがある(笑)。

玉置 あー、なるなる! 全部やりたくなっちゃう。やらなかったら、言ってくれた人に申し訳なくなっちゃうんだよね。

松居 「あ、やらなかったんだ」って?

玉置 そう。その節は今もあるな~。

松居 一緒にやっている時に、それを感じて。俺は演出家だから全体に向けて「あそこはこうしましょう」って言ったら、玲央が後から「あれ、ありがとう。ちょっと混乱していたから助かった」と言ってくれて。それは印象的だった。

玉置 演出家は数多いるけど、ツーカーで共通認識を持てている演出家となると、そこまで多くはないから、大悟が自分が気になっていたことを言ってくれてすごく信頼できるなと思った。……なんで俺ゴジゲン入らなかったんだろう? (笑)

松居 いや、本当そうだよ(笑)。でも俺と出会った時にはもう柿に入ってたから。

玉置 そうか、全裸の俺を見ているんだ(笑)。

松居 そう。むしろ俺は、柿の表現をする玲央を知っているから、そこじゃないところを出すのが面白いんだよね。

玉置 ああ、そういうことなのか! 松居大悟が、自分の作品に俺を使ってくれているのは、そういう理由なんだ。自惚れた発言になるけどさ、「中屋敷よりも俺の方が玲央を面白くできるぜ」と思ってたりする?

松居 「中屋敷より」は間違いなくそう。

玉置 そうなんだ! でも俺はあいつと20年も一緒にいるんだよ?

松居 うん。というか、「俺の方が玉置玲央を愛おしくできるぞ」と思いたい。上手に見せられるかとかは一旦置いておいて、玲央が愛おしい芝居をするのは自分だと思うし、そう思い込みたいから一緒にやってる。

玉置 なるほどね。

松居 この考えは世間に対してもそうで。あんまりこういうタイプの役者さんっていないし、全体を上げてくれるし、この人はすぐ売れちゃうぞって、『イヌの日』をやった時からずっと思っていたんだけど……結構時間がかかってしまった。

玉置　そうなんですよ。

松居　だけど今評価されていて。「俺は昔から知ってるぞ」「みんな気付くの遅いぞ」と思ったりしてる。

玉置　嬉しいね。

なんで映画に呼んでくれないの？（笑）

玉置　松居大悟の作品って、舞台と映像でちょっと違うと思っていて。大悟の振る舞いがとかじゃなくて、印象というか。映像の方が自分の趣味に寄っている気がするの。

松居　あー、確かに。たぶん、ゴジゲンだと〝ゴジゲンでやりたいこと〟とか、〝この戯曲でやりたいこと〟とかになるから。

玉置　だから、その趣味全開の映像作品に飛び込んでみたい気持ちはあるかも、ちょっとだけ。なんで映画に呼んでくれないの？（笑）

松居　そろそろ呼びやすくなってきたから、呼びます。

玉置　って言って呼んでくれないんだろうな（笑）。そういえば、最近自分の作品以外で何か出てる？俳優として。

松居　うん。この前もちょっとだけ出た。

玉置　俺、そこがまた大悟を信頼できると思うところで。中屋敷はプレイヤーはやらないの。でも大悟は俳優業やるじゃん。正直、やらないという選択肢を選んでもいいのに。

松居　そうね。単純に俳優として参加する現場が好きなのと、あとはやっぱり俳優をやっているからこそ、演出するときの言葉を持てるというのもあって。自分が役者をやっていなかったら、役者に気を遣いすぎてうまく演出できなかったと思う。けど俳優をやっていると、「こう言われたら考えやすいよな」とかがわかるから。演出家だけだったら、他の演出家の現場は見られないしね。

玉置　それがいいよね。

これからも人を愛してくれれば

玉置　最後に「この先、松居大悟ってどうなっていくの？」っていうことが聞きたくて。ゴーチの社長になる？（笑）どうなるの？　聞かせてよ。

松居　どうなっていったらいい？

玉置　いや、わかんないんだよ、俺も。自分に対してもさ、元気にお芝居続けられたらいいやっていう小学生の日記みたいなことしか思っていないから。例えば○○さんの演出を受けたいとかも特別ないし。

松居 ○○の劇場に立ちたいとかね。

玉置 うん、ないから。どうなっていくんだろう？

松居 俺がこれからの玲央に思うのは、さらに仕事が増えたり、いろいろな役者やスタッフと出会って、いくらでも進化はするだろうけど、初期衝動だったり、例えば向井秀徳が好きとか、なんだかんだ柿も好きだったりっていう気持ちは大事にしてほしいなって思っている。今日話して、大丈夫だろうなと思ったけど。でもさ、期待されると見失いがちになるじゃん。

玉置 そうだね。

松居 それは自分にも言えることで。自分も、規模が大きくなっていく中で、初心や初期衝動を見失うのは怖いから、そこは大事にしたいなと思う。

玉置 そうね。俺から大悟に思うのは、これからも人を愛してくれればということだけ。

松居 わかりました！

玉置 人を愛し、愛されれば。大悟は、ちゃんと〝愛される〟ことも大事にしているのが偉いなと思う。「自分が愛してさえいれば、愛されなくてもいいや」っていう人が多い気がしていて、そんな奉仕精神なんてなくていいんだよ。愛されてナンボだから。そこも貫いてほしいなと思います。あと……俺を映画に呼んでください（笑）。

松居 あはは（笑）、はい。フォトエッセイが出ることになって、そこに収載される対談相手の〝付き合い長い枠〟に俺を選んでくれたの嬉しいなって、今になって実感してる。

玉置 確かにね。中屋敷じゃないんだっていう（笑）。

松居 中屋敷はこの対談の中でいっぱい出てきているからいいでしょ（笑）。

玉置 大悟とはサシでじっくり話すこともないからちょっと恥ずかしかったけど、改めていい距離感の信頼関係だなって思った。

松居 そうだね。嬉しいなぁ。

松居大悟 まつい・だいご

演出家・脚本家・映画監督・俳優。1985年生まれ、福岡県出身。
劇団ゴジゲン主宰として全作品の作・演出・出演を担う。映画監督作に『アフロ田中』、『私たちのハァハァ』、『くれなずめ』、『ちょっと思い出しただけ』など。テレビ東京「バイプレイヤーズ」シリーズも手がける。

ヒーロー

２０１８年に公開された『教誨師』で初めて映画に出演させていただきました。映画の作り方もどういうプロセスで撮影が進むのかも全く知らなかったので、何もかもが新鮮かつ恐怖。知らないことに挑戦するのはいつだって怖い、ですよね。

この作品で非常に尊い出会いをします。大杉漣さんとの出会いです。

自分の一番の誉れは『出会いに恵まれている』ことです。

それはもう何よりも誇れる。挫《くじ》けそうになったりとことん落ち込んだ時も、今まで出会ったたくさんの方々を思えば前を向けるし、ここぞって時はかつてのやり取りや言葉を思い出せば心が奮い立つ。そういう方々と出会えてこれたご縁と選択を、俺は褒めてあげたいよ。そもそもどうして『教誨師』に参加することになったかといえば、自分が出演している舞台を漣さんの奥様が観に来てくださって覚えていてくれて、キャスティングをする際に『面白い子がいるよ』と漣さんに提案してくださったからでした。ご縁に他ならない。

都内のとある貸し会議室で『教誨師』の顔合わせがありました。10畳くらいしかない狭い会議室に、全員ではないけど出演者が集まって顔合わせ、そして本読みをやるのです。そこで大杉漣さんと初めてお会いしました。何ともおおらかで柔和な空気を纏《まと》っていて、それでいて包み込むような圧力がある、そんな第一印象でした。

学んだことがたくさんあります。仕事で現場に行ってるのだから学んでる場合じゃねーだろって百も承知だし、その辺の線引きというかは弁《わきま》えているタイプの俳優だと自負しております。それでも、あまりに眩しくてあまりに大きくてあまりに優しくて、どうしても当てられてしまう魅力とその姿だったんです。

映画初出演だった自分は、役作りに手こずって結構な数のリハーサルの機会を監督に設けてもらいました。お芝居が大きい、声が大きい、動きが大きいというＴＨＥ舞台芝居で育ってきたものだから、それが自分の役になかなか重ならなくて苦労したのです。漣さんとはリハーサル全てをご一緒できたわけではないけど、後から聞いた話ではリハーサルの1回目の時点で『彼は違ったかもなぁ』って思っていたそうです。そのくらい俺はポンコツだった。その自覚があって悔しかったですもん。だからもう必死ですよね。足引っ張らないように迷惑かけないように作品を損なわないように、生意気ながら大杉漣に遅れをとらないように。

『教誨師』は一対一のやり取りのみで物語が進むある意味演劇的な映画で、なので撮影も他の共演者の方たちとお会いすることはなく、その日現場にいる俳優は漣さんと自分だけということが多かったです。都外のとある施設の大きな一室を、俳優が支度したり控えたりする前室と現場となる教誨室とにパネルで区切って使っていました。その日の撮影は漣さんと自分のシーンのみ、しかも時間に追い立てられないスケジュールが組まれていたのでゆっくり準備ができるし何とも贅沢な空間と時間でしたね。漣さんはプロテスタントの牧師、佐伯という役。俺は大量殺人事件を起こした青年、高宮という役でした。前室には長机が二つ並べられた、お弁当食べたり休憩したりできるスペースが設けられていて、そこに漣さんが座って台詞の確認をしている。俺は何の気なく、こちらの台詞があった方が分かりやすいかなとか思って自分の台詞を合わせて入れる。長机を挟んで対面するその姿が、ちょうど教誨室のシーンでの佐伯と高宮のようでもあり。お互いどんどん白熱していっちゃって。休憩中だった監督やスタッフさんたちが集まってきてカメラ位置やカット割りを決めるいわゆる『ドライ』のような様相になっちゃって。でも周りでガヤガヤしているスタッフさんたちが気にならないくらい没入しちゃってたんですよ。漣さんもきっとそう。で、その台詞合わせが終わったら『よし、もうやっちゃおう!』って漣さん言い出してすぐさま本番が始まることになった。俺はただただ漣さんに手を引いてもらって導かれるままだった。

めくるめく不思議な時間。日常とお芝居の境目が無くてシームレスにその世界になっていく。緊張も弛緩もし過ぎていない適切な状態にグワーッと陥っていってサラサラサラとお互いに佐伯、高宮が纏《まと》われていく感覚。何じゃこりゃでしたよ。大杉漣の凄まじさを目の当たりにした瞬間です。

『魂の部分で演じればいいんだから。そうしたらやりとりできる。それだけだよ』
その不思議な時間の最後に、漣さんが俺の目を真っ直ぐ見て掛けてくださった言葉。役作りに手こずっていた俺にジンワリ染み込んでいった、大切な大切な言葉。

本番は滞りなく終わったあっという間に。

その日の撮影が終わると、漣さんが車で送っていってあげるって言うんです。『どうせ都内行くんだから乗ってけ！』って。俺はその日観劇予定入れていて、吉祥寺行かなきゃだからいいですいいですって断ったんだけど、『吉祥寺？　ちょうどいい、昔から住んでいたところ散歩したいから行こう行こう！』って。いやいや、こんな粋な人います？　惚れない要素がどこにあるというのか。

帰りの車内では竹原ピストルさんのアルバムが流れていて、漣さん口ずさんだりして、取り止めもない会話、吉祥寺もあっという間に。漣さんは去っていく。俺はポツン。またしても訪れた、めくるめく不思議な時間。記憶と妄想が行ったり来たりしてしまう、時間。

舞台一緒にやりたいね。

また映画かなにか、一緒にやる機会つくるから。

良かったらうちにご飯食べにおいで。

それが漣さんと最後に直接交わした言葉でした。

俺なんかよりよっぽど漣さんのお世話になった人はいるでしょうしご家族から見たら俺なんかが言うのも烏滸《おこ》がましいですけど、それでもやっぱり、何かを勝手に受け継いで今、この世界にいると思ってます。じゃなきゃあのめくるめく不思議な時間が嘘になっちゃう気がして。

知らないことに挑戦する恐怖って、じゃあいざ知ればそれで溶解するかといったら意外とそんなことはなくて、経験したってその物事を知ったって怖いもんは怖い。今だって怖いし逃げ出したくなることあるし、でもその恐怖を好きになれたら、もうきっと一生大丈夫。怖いけど愛しくもある、怖いから愛しくもあるって思えたら。誰かがきっとそう思わせてくれるって分かったら。そんな人が現れるって信じられたら。

そう思わせてくださったから俺、今でもお芝居続けられています。本当にありがとうございます。

大杉漣さんとのお話、でした。

YUMEGIWA LAST BOY状態

気が付けば江の島周辺にいる、なんてことが若い頃はよくあった。

打ち上げ終わりにテンションで。どうしても独りになりたい時に。仲間と青春するために。写真を撮りにカメラ片手に。意中のあの子との逢瀬に。

そういう場所だ俺にとって江の島は。何というか、非常にちょうど良い場所なのだ。都心からは離れていてでも極端に田舎ではなくて、旅行気分と現実逃避を存分に味わえて。『隠れ家』というか。どうしようもなくなった時はよく江の島に逃げ込んでいた。そうして段々と愛着が湧いて自分の中で居場所になっていった、そんな場所。だから今回このフォトエッセイでの撮影場所に提案させていただいたのでした。

江の島周辺は漫画やアニメ、映画のいわゆる『聖地』なんですが、俺にとってはまず何より、松本大洋先生の漫画『ピンポン』の聖地です。実写映画、それから後年のアニメでもこれでもかと江の島周辺が描かれています。弁天橋から川を眺めたり、『この星の一等賞になりたいの卓球で俺はそんだけー！』の七里ヶ浜を歩いたり、片瀬諏訪神社の下社でヒーロー見参したり、同じく上社で階段眺めたり、『スラムダンク』のファンの方々を尻目に某高校前の坂道をウロウロしたりしてました不審者ですね。懐かしいな。それもあって相当通ったんですよね。

江の島は写真を撮るのにうってつけで、江島神社の境内の猫や、サムエル・コッキング苑のお花とか、そしてなんと言っても海と夕焼け。このエッセイの表紙に使っている写真は俺の中で『秘密の場所』と呼んでいるところで撮った写真で、まさしく独りになりたい時によく訪れてました。時間帯や季節によっては全然人が来ない堤防で、そこから見る夕焼けとか星空が大好きなんです。江の島に来る一番の理由。撮影の日は過去見たことがないくらい見事な夕焼けが到来してラッキーでした。

江の島を正面に見て、江の島弁天橋を渡らず右に向かえば『新江ノ島水族館』が。昔は『江の島水族館』という名前で、ミナミゾウアザラシのみなぞうくんのショーが非常に有名でしたね。えのすいはクラゲの展示スペースが良くてずっといられちゃう。何も考えたくないって時、都心から離れてただただボーッとクラゲを眺めに行くの、マジでオススメ。

『居場所になる』って物凄く大事な感覚だと思うんです。最初の理由は本当になんでも良くて、あの撮影に使った聖地だから行ってみようとか、都内近郊で海見える場所どっかないかなとか、そんなんでいいと思うんですよね。それで身体じゃなくて心とかにでっかい怪我した時にさ、ふと、そういえばあそこに行ってみようって。なんでか知らないけどふと思うこと、あるじゃないか。全然確信じゃないそういう予感みたいなものに今なら乗れる、乗らなきゃいけないって突き動かされて。そうやって足を運んでいる内に少しずつ思い出と記憶が積み重なって、それがカサブタみたいになって愛着が湧く。治りかけの頃にそういえばって思い出したりなんかもして。居心地が良くなるとそこで自由に振る舞える余裕が生まれて、あっち行ってみよう、こんなことしてみようって思えるようになって。場所が自分を受け入れてくれる感覚。場所をどんどん信頼していく感覚。そんなのはこっちの決めつけでしかないんだけど。でもそれを手繰り寄せて、この場所なら自分を救ってくれるんじゃないかって祈って、その祈りが通じてしまった時にその場所が自分の居場所になるんだと思う。ありがとう、助かったよって思えた時に。

あの堤防で見る夕焼けの海。
七里ヶ浜の海岸。
えのすいのクラゲ。

そういうのが俺のカサブタだし救いで、だから江の島が好きなんです。

放浪者

商業規模の舞台に出演させていただく機会が増えてくると、立つ劇場のサイズが大きくなるので必然的に稽古場のサイズも大きくなっていく。

都内及び近郊には、関東圏の大きな劇場をほぼ実寸で再現できる稽古場というのがいくつかあって、同業の皆様はピンとくる方も多いのではないだろうか。実寸というのは、劇場の舞台面を実際のサイズ通り再現できるということだ。例えば予算やスケジュール、さまざまな事情で本番が行われる劇場よりも狭い稽古場で稽古をするとなると、舞台美術を完全に再現できなかったりする。『劇場入ったら、実際はこの稽古場の壁からあと1mくらい行けます。そこが劇場の袖です』とか『舞台の奥行き、本当はもっともっと奥までありますがこの稽古場ではサイズの関係上省略しています』とか、舞台監督さんが立ち稽古初日に説明してくださるのが恒例だったりもする。

そう言えば、お芝居を観に行ってパンフレットを開いてみると、稽古中の写真が見開きページに散りばめられているのを見たことがありませんか？　そこに、仮の舞台装置が組んである状態で稽古をしてる写真があると思います。例えば階段や段差が多い装置や、転換、すなわち装置の移動や片付けなどが多い作品は、そうやって稽古場段階から舞台装置を組んでくださって稽古をすることができます。ありがたいことですね。

逆に、バミリ、漢字で書くと場見り（諸説あります）のみで稽古をすることもあるのです。バミリというのは、正確には舞台装置や転換で出てくる椅子や机の位置、出演者の立ち位置などを示した床に貼られたテープのこと。転じて、舞台装置を立てず床にビニールテープなどで装置の見取り図のようなものを再現して稽古する場合もあって、劇場で本番用の装置が組まれるまではそれぞれの想像力と知識を駆使して稽古をすることになるのです。

前置きが長くなりましたが、そんな、稽古場の話。

我々がまだ駆け出しの頃は、当然自前の稽古場なんて持ってないし、実寸を取れる稽古場を借りるお金も無いしで稽古場の確保にひと苦労したものです。じゃあどこで稽古するんだいってな話なんですが、市区町村が運営し貸し出ししている区民センターや地区会館、集会所を借りて稽古をしていました。文化活動に類する団体に貸し出すという、そういう枠があるんですね。各地の施設に申請を出して空いていればすんなり借りられますし、もし予約が殺到しているようなら抽選に参加することになります。都内には、皆さんが思っている以上に劇団あるいは演劇関係者が多くて、いつもどの施設でも争奪戦になっていました。加えて施設側は演劇関係者にのみ貸し出ししているわけではなく、例えばお料理教室や講習会、セミナーなどで利用する方々にも貸し出していたのでより一層狭き門だったりしました。大体の施設が午前、午後、夜間の3コマに区切られていて、1コマから借りることができる。利用料は1コマ300円前後だったと思います。今思えば本当にありがたいシステムでしたね。

月の内か週の内か、借りられるコマ数が限られているかなんかで同じ施設を連続で借りられない時もあって、そういう時は市区町村内のまた違う施設を借りることになります。そうなると大量の小道具や衣装も分担して一度持ち帰り、また翌日別の施設に持って行くことになるのです。

さながら民族の大移動、それを演劇の先輩方は『ジプシー』と呼んでいました。本来の意味はヨーロッパの特有の音楽・舞踊の伝統をもつ移動型民族を指す言葉。各地を転々としながら演劇を創り上げていく集団。いいじゃないですか。

『柿喰う客って普段稽古どこでしてるの?』
『いやー、ジプシーなんスよー』
なんてやり取りがあったもんです。

最初に書いた通り、今では固定の稽古場で創作させてもらえる現場が多くなってきてそんなやり取りも少なくなりました。でもふとした時、稽古場に通う道中でそんなことを思い出したりしてニヤニヤしてしまうのです。

今日も腰据えて良い演劇こさえてやるぞって。

固定の稽古場で稽古させてもらえるようになっても別の団体さんが違う部屋で稽古していることは変わらなくて、喫煙所とかは共有部にあるので知り合いや過去の共演者にばったり会ったりする。あれが堪らなく好きなんですよね。かつての戦友が別の現場でまた違う闘いに臨んでいて、こっちもこっちで闘っていて。

『久しぶりー！　今何やってるの？』

『○○の稽古ですー』

『あー、チラシ見たわ！』

『そっちは○○ですよね？　稽古順調ですか？』

『まぁボチボチ？』

『ここの稽古場いつまでです？』

『来月の頭かな？』

『あ、じゃあ一緒くらいだ。えー、稽古終わりの時間被ったら飯行きましょうよー』

『いいね。そしたら連絡するわ』

『了解っす。じゃあ稽古場戻ります。またー』

『はーい！　頑張ってねー！』

　みたいなやり取りが繰り広げられるんですよマジで。稽古場は創作の場所なのは間違いないんですけど、俺にとっては再会の場所って感じで。集って散ってそれぞれの創作にまた向かうってのが、演劇創作の面白いところの一つだと思います。


板の上で再会できた時、果たしてお互いどうなってるのか。

演劇人はみんな、この世界を揺蕩《たゆた》うジプシーなのかもしれんね。

津奈木駅にて

知らない土地を歩くのが好きだ大好きだ。

見たこともない風景、予想だにせぬ音、知らなかった匂い、そういうものに飢えている俺は歩くことで全身から摂取する。

パンパンになった脚を引き摺って辿り着いた帰りの津奈木の駅。

向かいのホームにひさしのついたベンチそこには手を繋ぐ老夫婦が腰掛けていて、ああこれだこれに出会いたかったのだと、年齢や産まれや育ちを超越した大いなるノスタルジー。

愛情の歴史が何より好きだ大好きだ。

つなぎ、繋ぎ。

いまさらキスシーン今昔噺

　恐れ多くも一人芝居のレパートリーを持っていまして、そいつを大切に磨いて抱き締めて今の今まで過ごして来たのだけど、そんな宝物に纏《まつ》わる話を聞いてくれませんか？　エッセイだから読んでくれませんか？か。どっちでもいいか。

　タイトルは『いまさらキスシーン』といいます。

　初演は２００８年ということでこのエッセイが刊行されるであろう頃から振り返れば17年前、当時俺は23歳でしたねワオ。大阪で開催されていて、今や全国にも拡散している一人芝居のショーケースイベント、その名も『最強の一人芝居フェスティバル"INDEPENDENT"』に出演する為に、所属劇団柿喰う客の中屋敷法仁が書き下ろし、演出をつけてくれた作品です。当時、柿喰う客はまだ地方公演を打ったことがなく、この作品で初めて大阪に上陸したのでした。

　今でも忘れませんよ。俺と中屋敷と照明チーフと音響チーフの４人だったかな？で、お金無いから夜行バスで東京を夜中に出て早朝に大阪着いて。全く土地勘のない新世界ＡＭ６：30ポツネン４人。は、劇場が開くまで結構時間あるけどどうしようってなって何をとち狂ったか24時間営業の串カツ屋に入って朝食を済ますんですね。初めての大阪でこの先恐らく観光する時間もないから、もう大阪グルメ食べちゃおうって朝串カツ。いやー、若かったですね。

　『いまさらキスシーン』は一人芝居フェスの為に作った作品ではあったんだけど、大阪で上演する直前に柿喰う客の企画公演として上演していて。オファーとキッカケは大阪が先、上演は東京が先でした。お客様に披露した本番を経ている作品というのは、様々な要素でやはり強度が増していて、今思えばそれが少しだけ精神的な余裕にも結びついていたように思う。今の俺だったら小屋入り日の早朝に大阪に到着するような移動手段は選ばないし、胃もたれしかねない串カツを喰らったりはしない断じて。若さよ。

　この作品が面白い、という確信があった。もっと言えば世界一面白いと信じて疑っていなかった。自己満足でしかないし、当時それを測れた要素としては己の充足感でしかなくて小劇場俳優のよくないところが遺憾無く発揮されちゃってるんだけど、でもでも中屋敷法仁のキャッチーながら毒々しい世界観とそれをこれでもかと誇張する戯画的な演出と、身体能力と声のデカさと滑舌の良さだけには滅法自信がある俳優とが、高水準で混ざり合った最高に面白い演劇だという自負があったのですよ。そういう自負も背中を押して、意気揚々と串カツ4人衆は劇場に入ったのでした。

初めての土地、初めての劇場、初めてのお客様の前で繰り広げられた『いまさらキスシーン』はそれは特異に見えたと思う。そもそもビジュアルが特殊な作品なもんでなんじゃこれはって感じだったとは思うのだけど、それは東京で上演した際も勿論そうだったしこの作品に関しては大事なファクターなもんで、俺個人はもはやあんまり気にしていなかった。ここまで書いて、未だ『いまさらキスシーン』を観たことがない方もいらっしゃると思うので少しだけ説明すると、とある女子高生の高校生活3年間を30分でお送りするお芝居なんですね。見た目明らかに男性の俺が、ミニスカート履いて舞台上を暴れ回る30分間なんです。『こんにちはコレが柿喰う客ですよ。

とくと喰らいやがれ!』って気概で舞台に立っていたので、そりゃもう楽しくて楽しくてしょうがなかったです

宿泊はこれまたお金がないので西成近くの一泊1,200円のホテル。部屋の広さは冗談抜きで2.5畳くらいしかなくて布団と小さいテレビがあるだけ。そんな時代もあったのです。でも悲壮感は全く無かったな。『今に見てろコナクソ!』と思ってたかというとそれも無くて、ただただ全ての『初めて』が楽しくてしょうがなかった。演劇躁状態突入時代、でしたね。

その時の評判が良かったからかどうなのか、柿喰う客はその辺りを皮切りに関西公演を上演するようになったし、当時できた大阪の仲間たちとは今でも交流があって仲良くさせてもらってる。その後、東京芸術劇場で上演させてもらったり学習院女子大学で上演させてもらったり、全国ツアー周ったり長崎の廃校で上演したり、他にも本当にたくさんの出会いと思い出を孕《はら》んでいるのがこの『いまさらキスシーン』という作品なのです。

一人芝居って緊張しないの?ってよく聞かれるんです

が、しません。これは自分の性格もあるかもなんですが、お客様に会うのが楽しみで楽しくてあまり緊張しないんですよ。ただ体力的にはめちゃくちゃしんどいのと、楽屋にいる時間が圧倒的に孤独で寂しいです。劇団員の永島敬三も一人芝居のレパートリー持っているんですが『願わくばやりたくない』ってたまに言ってます勿体ない！

直近で『いまさらキスシーン』を上演したのは2024年の1月で初演から16年経っての上演でした。正直言って初演当時と比べて圧倒的にできなくなったことが増えていて。足腰は衰えたし多分肺活量とかも落ちてるしちょっと早い気がするけど老眼も始まってるっぽいし老眼はまぁお芝居する上で分からないからまぁいいかとか思ったりもしますが。その代わりと言っちゃあ何ですが圧倒的にできるようになったこと、も増えていて。精神的な部分が大部分を占めていると思います。昔以上に『一人芝居』を演じることへの恐怖は無くなりましたし演じるということを良い意味で特別視しなくなったし今現在の自分がこうなんだからこの姿ありのままを視ていただければそれで万々歳って思えるようになったかな。

そして何より眼の前にいる皆様と早く会いたい、一緒に何かを産み出したい、視たことない景色を一緒に視たいって、より一層思うようになりました。少し、演劇を演劇で散歩できるようになったのかもしれません。かつて掲げた大言壮語に少し、近づけたのかもしれない。喉も強靭になったし色んな声が出せるようになった。感情が激しく揺さぶられるようになった。ある種の客観性をもって自分の芝居を見れるようになった。妙な冷静さをもって台詞を吐き出し続けることができる。諦めにも似た前向きさが渦巻いている。一分一秒が永遠に続けと思う。成長なのか衰えなのかは分からないけど、一つの演劇に長く携わるからこそ知れた感覚が山のようにあるのです。

2023年12月、長崎は野母崎樺島の廃校で上演した際には、自分と同等か、あるいはそれ以上に熱量をもってこの作品に接してくださっている方がいるのだと知れて本当に嬉しかったし有難く心強い出来事だったりしました。誰かの中で演劇が轟々と燃え盛っている。その火種になれるなんて感無量ですよ。

日本全国津々浦々、色んな場所で色んな方が『いまさらキスシーン』を上演してくださっている。ぶっちゃけた話、俺に何か権利がある訳じゃないしただ一番最初にこの作品を演じたってだけのことなんだけどやっぱり、自分の身体から出て来たモノがこうして誰かの人生に影響してるってのは嬉しいものです。いつでもいつまでも、誰かの人生をお芝居で狂わせたいって思ってる。そんな『現象』とも言えるお芝居を発したいって、やっぱり思ってしまう。だから年齢を経た今現在を、今自分こんなですよーってのを、こんなこと考えてますこんなことに興味ありますってのを、この作品を通して打ちかましてやりたいって思ってるのですよ。

どんなお芝居だってそうなんだけど、『いまさらキスシーン』は特に年齢と共に変容する作品だと思っていて。だから何歳になってもやり続けたいし、どなたかが言ってくれた『ライフワーク』にしたい作品なんです。60歳とか70歳とかになってもやりたい。女子高生の格好して大きい声出してバク転して、30分間演劇と生命を燃やし続ける爺さん。そんなんめちゃくちゃカッコいい。


例え肉体が耄碌《もうろく》しても魂だけはピチピチで、なんなら朝から串カツ食べるくらいの心意気と覚悟で、一生一緒に歩んでいく俺の宝物。

『いまさらキスシーン』という宝物。この宝物、またたくさんの人に視てもらえますように。

長生きしますね。

超特別な人

久しぶりに酷く苛ついている。

その苛立ちの理由と正体に薄らと覚えがあるのだけど、深く考えないようにしている。考えれば考えるほど思考の呼吸を奪って溺れてしまうことを容易く想像できるからだ。

思えばこの感覚は非常に久しくて、何ならまだソレを持っていたのかと自分に驚くほどだったりする。

その感覚とは嫉妬だ。

こんな仕事を生業にしていると、言葉にどれだけの想いと真実を込められるか、というようなことに尽力する機会が多い。『お芝居』は絶対的なフィクションで嘘で、それを受け取ってくれる人の為にどれだけ真実にできるかと躍起になる。嘘を真実にする、のではなくて嘘が真実になる。つまり自分一人の真実では事足りずどうにもならず、誰かとの相互の約束事が必要不可欠になるのです。

感情と言葉を尽くすことは好き。そんな目に見えないものに縋《すが》って、拘《こだわ》って、必死になって、嘘が真実になる瞬間を待ち望んでいる。そんなある種の滑稽さを愛しいと思う。形ある確かなものだけ手繰り寄せていればきっとこんなにも摩耗したり消耗したりすることはないだろうに、でもやっぱりそれが好きでヒーヒー言いながら取り組むのだ。もっと明け透けに言えば、目に見えないもので誰かと繋がるあの高揚が堪らんのだ。

相互、というのは必ずしも約束されたものではないし確約されたものではなくて、例えば『今、私とあなたは目に見えないナニカで繋がってますよね!?』なんていちいち確認することはなくて。つまりは決めつけ。雰囲気や空気感、やりとりの端々に見え隠れする言葉のまろみや表情の柔和さやあるいは険しさから読み取って、めでたいポジティブ思考で決めつけて、相互を達成しているのだと安心するしかない。

非常に恐ろしい取り組みだと思うのですよそれって。でもだから、だからこそ『言葉に発する』ことの価値が高まる。言葉に発して伝えることの価値が、高まる。言葉を発することに祈りのような、切実さが含まれてくる。

そしてそれは自分に発してもらう言葉にも含まれてくれ、と願うのだ。

なんて都合のいい、独りよがりな願いだろうか。こちらは心底から魂込めて真実を言葉にして紡ぐから、あなたも是非そうしてくれと要求している。いや、正確には要求はしていないか。もういい歳だから大人だから、それを要求することの傍若無人さを知っているし辟易もしている。どれだけわがままな願いかも分かってはいるから、この願いは叶わなくてもいいと思いつつも、私たちを繋ぐ目に見えないナニカが結ばれればいいななんて実は少し思ったりもしていて。そういう強制力がないフリをした密かな要求を、勝手に、非常に勝手に突きつけていたりする。

嫉妬。そんな自分以外の誰かが、強烈な真実と願いを誰かにかける言葉に込めていて、それが思い込みやわがままや傍若無人さではなく美しい相互を達成しているかもしれないことへの嫉妬だ。自分の言葉と想いこそがあなたに一番ぶっ刺さっていてくれと、願わずにはいられないのだ。だって自分だけは自分の言葉に自信がある責任がある確信がある。じゃなきゃ思うだけで終わって伝えるには至らないからだ俺はそういう人間だ。

言葉にしない美学なんて糞喰らえだ。

伝えなきゃ伝わらないんだ。

と思って今までやってきた。

相互は掴み取らなきゃいけない、まずは言葉で。

そうして感情の弱肉強食を生き延びていかなきゃいけないのだと、コレはいくつになっても思うのでした。

裏方の日々 第二話

忘れていたでしょう？　もうちょっとだけこの話、付き合っておくれよ。損はさせないから。

早速ですが。次に稽古期間中から仕込み、本番がある日の流れと千穐楽後のバラシ（撤去、撤収作業）の流れなどを解説します。自分がやっていた舞台監督、演出部からの目線が主。これを書いている直近の出演作『朝日のような夕日をつれて２０２４』に準拠している部分が多分にあります。

■稽古期間中

演出家と俳優で行われる稽古を、各部署が見守る形になる。ほとんどの場合、演出助手、舞台監督は常駐している。転換や俳優のケアが多い作品では演出部もつきっきりでつく場合が多いが、別の現場が被っていたり稽古場の仕込み状況によっては中盤や終盤に合流する場合もある。本番付きの衣装さんやヘアメイクさんも、然るべきタイミングから合流。各プランナーは常に稽古場にいる訳ではなく、通し稽古のタイミングや打ち合わせで稽古場に行きプランを立てる。シーンの稽古だとしても、本番付きの裏方たちは袖（客席から見えない舞台の外側）にいて本番と同じ動きを想定して転換したり小道具を準備して渡したり、早替えの練習についたりもする。比較的早い段階から、音響のオペレーターは稽古場について音出しをする場合が多い。照明は劇場に入ってからの方がやることが多いので、稽古中はプランナーが見て照明プランを組んだりキッカケの整理をする。俳優の立ち位置や装置の状況を見て照明を作ることになるので、照明プランナーも稽古場につくタイミングは比較的早い。これらに並行して各部署チーフが稽古前や稽古後の時間を利用して演出家と打ち合わせを重ねプランを立て、劇場入りまでに劇場のスタッフさん方との打ち合わせも済ませる。

13：00から稽古開始の場合、一番最初に稽古場に来るのは制作かプロデューサーで、稽古場の鍵開け、ケータリング場の準備、稽古場の掃除、ＰＣ作業などをしている。これが大体稽古開始の2時間前、11：00くらい。ほぼ同じくらいの時間か稽古開始1時間前くらいまでには舞台監督、演出部も入っている。稽古場舞台面の掃除、前日の稽古の修正を踏まえての諸作業、稽古するシーンのプリセット（装置などを転換前の元あった位置に戻して準備すること）などをする。演出助手もそのくらいの時間に入って稽古の進行スケジュールを組んだり、不明瞭なスタッフワークを各部署と相談して予めクリアにしたり、その日の稽古を円滑に進める為の下準備をする。ちなみに、俳優が稽古場に入る時間は本当にまちまち。稽古開始1時間前から入ってアップや食事をしている人もいれば、5分前に来てそのまま即稽古開始みたいな方もいる。良し悪しは人それぞれである。正解はない。

■小屋入り、仕込み日

劇場に装置、照明、音響機材を建て込み、必要資材を搬入する日。劇場によるが9：00搬入開始が多い。ファッションビル内にある劇場などで搬入のエレベーターを各テナントと共有している場合、営業を終えた深夜から搬入みたいな場合もある。仕込みだけの増員、大道具、アルバイトの方も来るので結構な大人数になる。全部署が一丸となって搬入口に停められたトラックから荷物を劇場内に運び入れる。

搬入→装置建て込み→照明吊り込み、スピーカー設置などで仕込み1日目は終了。装置の建て込みは大体1日目に終了することが多い。

■2日目

明かり作りからスタート。明かり作りとは仕込み図を元に吊り込んだ照明で各シーンの照明効果を実際に作る作業。どの機材で舞台上のどこをどのくらい照らすのかを、プランナー主導で作っていく。並行して演出部は袖中の環境作り。小道具を置く棚を用意したり、暗い足元を照らす為のランプを仕込んだり。1日目、2日目共に衣装、ヘアメイクは事前の準備を進める。衣装のアイロン掛けや各俳優のシュテンダーへのプリセット、ヘアメイクはメイク道具の整備や分配、カツラやウィッグの整備と準備を進める。

夕方くらいには音響がサウンドチェックを始める。劇場内で実際に音を出して仕込んだスピーカーのバランスを聴いたり音量を調整する。マイクを使う作品の場合は併せてマイクチェックや音楽とのバランスをとる。

■3日目

各部署、残作業と場当たりに向けての準備。『場当たり』とは劇場空間で音響、照明、映像などなどの舞台効果を全て合わせて稽古をすること。開演の段取りやシーン中での各部署のキッカケ、転換などを芝居と合わせながら最後まで稽古していく。ダンスシーンなどは先に立ち位置などを確認してから、じゃあ音と明かりと合わせてやってみましょう、みたいな感じで進む。演出家自身が場当たりの進行を仕切る場合と、演出助手が仕切る場合、舞台監督が仕切る場合とがある。適宜、修正箇所があれば演出家から各部署に指示が出され、修正が出来次第稽古が再開され進んでいく。想像力を駆使して稽古はしているが劇場に入って初めて分かることもたくさんで、役者の立ち位置や芝居の修正、変更も大いにある。

この時間でどれだけ本番に近しい形に体も心も脳味噌も持っていくかが肝だったりして、俺は場当たり凄い好き。

大体の場合、場当たりは衣装、ヘアメイク有りで行われる場合が多い。これは例えば照明が出す明かりと衣装やメイクの相性を確認するためであったり、客席から見えるメイクの色味、俳優間のバランスが適切かを見るためであったり、場当たりの中で早替えが伴うシーンを稽古するためである。

全ての舞台監督がそうではないが、俺は師匠から『場当たりは本編の時間＋3～4時間かかることを見越してタイムテーブルを組みなさい』と言われていた。タイムテーブルというのは劇場入りしてから初日あたりまでの、俳優を含む全部署の作業や動きをチャートにまとめたもので舞台監督が作成する。各部署との打ち合わせの中で作業量、仕込み量を考慮して擦り合わせをしながら作るもので、この時間配分を間違うと冗談抜きでイチ大事になる。責任重大、だったなぁ。

師匠とは別の先輩から『場当たりが1分1秒でも早く終わる努力と準備をしなさい。その1分1秒が本番に向けての俳優さんの準備の時間に繋がるし、他の部署の修正作業に繋がる。それらは最終的にお客様の満足へと繋がるということをちゃんと想像しなさい』って言葉をもらって、それは今現在、俳優業をやる上でも大切にしている言葉というか感覚。当時19歳とかだったかな。

■4日目

作品や現場によるが大体この日の夜が初日だったりするので、昼にゲネプロをやって夜は本番という流れになる。3日目に場当たりが終わっていたらゲネプロまでの午前中の時間は修正稽古があったりスタッフ各部署の修正作業に充てられる。終わっていない場合は場当たりの続きをなんならゲネプロ直前まで行う。ずーっと時間との闘い。

例えば1日多く劇場での時間をとっていただけている現場は、この日はみっちり返し稽古をし、夜にゲネプロ、翌日5日目に初日というパターンもある。これは稀なケースで明け透けに言えば潤沢な予算がある現場と言えるんではないだろうか。

さて、さんざ言っている『ゲネプロ』とは。ドイツ語の『ゲネラルプローベ（Generalprobe）』の略で、訳すと『総合的な稽古』という意味の言葉になります。なぜドイツ語準拠なのかという話をし出すと長くなるのでここでは割愛しますが、要は本番と同じ条件で行われる最終リハーサルのことを指します。音響、照明、衣装、ヘアメイク、舞台装置の転換や早替えなどなどを本番通りに、原則止めることなく行い各部署スタッフワークの最終調整と確認が行われるといった感じです。『ゲネ』と更に略したり、『GP』と表記されたりします。

出演者の事務所の方が来たり、取材していただくメディアの方を招待したり、ゲネプロにお客様が入る場合があってこれは公開ゲネプロと呼ばれている。出演者にとっては客席にお客様がいる状態をゲネプロから感じられるのでありがたくはあるが、観に来てくださっているのはいわゆる『関係者』の方々なので、まぁとにかく客席の雰囲気が硬い。それが良い方向へ作用することも多いのだけど。

また、作品によっては『プレビュー』という、本来の上演より少しお得なチケット料金で作品を観てもらい、お客様を含む多方面の方から意見をもらって作品を更にブラッシュアップする期間を設ける場合もある。完成する前の作品を観ることができ、更に作品作りに参加することができるということだ。その場合の本来の流れは【プレビュー公演期間】→【プレビューを経ての改めての稽古】→【本番】となるのだけど、日本国内でこの流れをやっている団体、作品はあまり見ない。大体がプレビュー公演期間の後は1日休演日を挟んで翌日から本番となる。

この【プレビューを経ての改めての稽古】で大変更が発生すると裏方はてんやわんやだったりする。作った装置が使われなくなったり、持ち込んだ機材が無駄になったり。でもそれで良いしそういう豊かさと度量を持って演劇作りに取り組みたいし、そういう土壌であってくれと切に願う演劇界。

またまた長くなりましたね。もう少しだけ続きます。『裏方の日々 第三話』でお会いしましょう。

親父とラーメン

時刻は23：37。

とあるラーメン屋で、注文したとんこつラーメン大盛りとネギ飯を今か今かと待ちながらこの序文を書いている。店内には1組のカップル、左隣にお持ち帰りを待つ初老の男性、右隣はひと席空けて酩酊状態のおじさま、俺はと言えば腹ペコ。

ふと気になった。

『深夜帯に喰らうラーメン』の発端は一体どこなんだろうか？　人はどのタイミングでこの非常に罪深い所業に目覚めるのだろうか？　やって来たとんこつラーメン大盛りとネギ飯を喰らいながら、記憶を遡ってみようと思う。ネギ飯、多いな。

とは言ったものの、実は答えはもう見つかっていて、俺の場合は親父のラーメン教育の賜物だ。

息子の俺が言うのも変な話かもしれないが親父は本当によく食べる。早食いの類ではなくゆっくり、しかし物凄い量を食べる。子供の頃は分からなかったが、大人になり社会に出て関わった友達のお父様とか、親父と歳の頃が同じくらいの先輩方を見て初めてそれに気がついた。俺のパートナーも、親父の食いっぷりを初めて見た時は目を丸くしていた。

よくある話だが、水泳をやっていた兄貴と俺、そしてよく食べる親父と、育ち盛り働き盛りの男子3人の食事を用意していたお母んを尊敬する。唐揚げとか凄い量こさえてたもんな。それでも成長期の息子さんたちの腹は23：00頃にはもうすっかり引っ込みなんなら小腹が空いてたりなんかして、そうなると親父が『よし、ラーメン屋行くか！』と車を走らせることが度々あったのだった。

みんなはどんなタイミングでした？　大学時代に仲間たちととか、社会人になって会社帰りにとか、稽古終わりの飲み会の後の〆にとかなんでしょうか？　俺の深夜ラーメンの発端は、男子たちの食欲の暴走の果てということになりますかね。初めて連れて行ってもらったのは小学生の時。親同伴なので深夜帯の活動をどうか許してほしい。

『この高菜、かけてっていい？』

左隣の初老の男性は、卓上の高菜をこれでもかと持ち帰りのラーメンに乗っけて颯爽と店を後にした。笑顔だ。そのラーメンを待っている人のことを思っているのだとしたらなんと素敵なことか。

『美味いな…』

と、右隣のおじさまが呟く。俺も同じこと思ってるけど酩酊状態にないのでそんな勇気はない。ここはなんと活気に溢れたラーメン屋か。親父に初めて連れて行ってもらったラーメン屋も、そういう活気に溢れた店だった。

今でこそ綺麗に改修された国立競技場も昔はもう少し周りが樹木で鬱蒼としていて、少し見通しが悪かったように思う。少なくとも小学生だった自分には些《いささ》か不気味な場所に思えたが、その敷地内に一軒のラーメン屋台があった。屋台の周りだけ人がいて煌々《こうこう》と灯りが焚かれていて、そこだけがお祭りのような、出店のような雰囲気と賑わいを醸し出していたのを覚えている。別売りでゆで卵があった。そしてなぜかバナナが売られていて、小学生なのに常連になっていた俺はそのバナナを大将からサービスでもらったりしていた。

右隣のおじさまが有線でかかっているZARDの『あなたを感じていたい』をラーメン食べながら熱唱する。なんて器用な所業。俺はネギ飯をかっ込んでいる。賑やかさが記憶をくすぐる。

その屋台のラーメンの味は正直覚えていないが、とにかく賑やかだったのを覚えている。冬でも客足が絶えることはほぼなくて、お店に着いた時点でお客さんが並んでることもしょっちゅうで、寒い中屋台の周りで待ったりして。『お！　バナナあげるよ！』って大将の威勢、それははっきり覚えてる。ワイワイガヤガヤと時には相席でラーメン啜《すす》る老若男女。そこだけが煌々としている記憶の風景。

親父のラーメン教育はこうして実を結んでいる。ふとした時にあの屋台の風景を思い出したりして俺は今、深夜ラーメンを完食するのでした。

空っぽになった丼と茶碗をカウンターに置いて、キンキンに冷えた水を最後にドボゥと流し込んでご馳走様。

時刻は23：53。店はまだまだ煌々と賑やかである。

今度、親父を誘って久しぶりにどこかラーメン屋行ってみよう、と思う。

絵画教室

お気に入りのグレゴリーのリュックに
油絵の道具詰め込んで
自転車かっ飛ばしてアトリエへ
手袋を忘れたせいで指先まで悴《かじか》んで
これから筆を握るのにって
気持ちだけは一丁前

アトリエの周りはちょっと鬱蒼としていて暗くて
はたから見たらそこに絵描きが住んでいて
絵画教室を開いているなんて思わないだろうな
庭先を抜けて扉を開けると
途端に『絵を描く世界』がそこにあるのだから不思議

しゅんしゅんと音を立てるヤカン
ストーブの上で湯気を吐く
その熱その湿度が
窓に結露を生んでいて寒さを実感

毛足の長い黒猫がうろついている
足元に絡みついていらっしゃいの挨拶

カチコチのチューブ
ボロボロの筆
ベタベタのペインティングオイル
蓋が開かない油壺を
ヤカンの湯気で暖めてえいやとひとひねり
それでも硬くて硬くて
手が痛いのなんのって

ミルクティーが湯気を立てる
モデルを務める真っ赤なダリアが
冬だというのにあまりに健気で
その花弁の複雑さと睨めっこ
無音のアトリエにラジオと
筆がキャンバスを撫でる音
しゅんしゅんしゅんしゅん響いていた

冬の絵画教室は

よっぽどドラマチックにそこにあって
ただ絵を描くことをすれば良くて
暖かくて明るくて
休憩しようっておやつを出してくれる先生
アドバイスもらいながら羊羹齧《かじ》りミルクティー啜《すす》って
さぁよしもうひと踏ん張りの夕暮れ時間

絵を描くことが好きなのは
その行為自体ももちろんだけど
いかんせん思い出と体験に彩られているからだ
追体験したいわけじゃないけど
あの絵画教室のあらゆる煌めきが
今でもありありと思い出せるから
絵を描くことが好きなのだ

黒猫はいつの間にかいなくなっていて
ラジオはもう知らない番組に変わっていて
ヤカンの中身はもうすぐ空で
ダリアは相変わらず健気で
それでいてキャンバスは未だ未熟で

冬の絵画教室は

りばあす

仕事をする上で家族のことにはほぼ触れずに今日までやってきました。それはお互いのスタンスから自然とそうなったんですけど、自分のことを存分に語らせていただくエッセイ本ですら全く触れないのもなんだか変だなぁと思って初めて書いてみます。

俺とパートナーの話です。

ご存知の方もいらっしゃると思いますが2021年に若月佑美さんと結婚しました。自分はもう誰とも結婚せず一人で生きていくんだろうなぁなんて茫漠《ぼうばく》と思っていたので、こんなことになるとは自分でもビックリしたくらいで。SNSで書いた通り真摯さと真面目さ、そして自分がやるべきことに対して無限に献身的でいられるその姿勢に、尊敬の念を覚えたというのが大きなきっかけでした。加えて当時はコロナ禍で本当に不安定な状況の中、『孤独』ということに対して思うところがあって。

今はまだありがたいことに死なないけれど、もしそうなった時に一人は嫌だなぁと思って隣を見たら、彼女がいてくれたのでした。こう書くと『独り』を脱却するために結婚したんかいって思われるかもしれませんが勿論そんなことはなくて。価値観とか世間に対する姿勢とか仕事に関する価値観がバチコンと合っちゃったんですよね。

彼女の言葉で好きな言葉はいっぱいあるんだけど、『なんで結婚しようと思ったの？』って質問に対しての返答が若月佑美という人間を端的に表していて一番好き。

『なんで？ 結婚しない理由が無かったから』

かっこよくね？ かっこいいんだよこの人。

取材でもSNSでもお互いのことを話したりしないから、どんな夫婦生活送っているのか謎過ぎるとかなんなら結婚しているの知らなかったってよく言われます。俳優業をやる上であまり先入観持ってほしくないなと思って話さないようにしてきました。それから、何はなくともまずは一個人の表現者として見てもらいたいという思いもあります。少なくとも我々夫婦はそういう価値観、方針でやっていこうと思っているのです。そこらへんは結婚当初から一致していて、そういうところも居心地がいいところだったりします。

毎日普通に過ごしてますよ。

取り立てて何もなく平和に。

起きたら朝ごはん作って食べて。

うだうだして。

日が暮れる前に散歩行って。

そのまま夕飯の買い出し。

帰りはコーヒー買って。

晩御飯作って食べて。

ソファで並んでテレビ見て。

台本読んだりアイス食べたりしてたら寝る時間。

お風呂に入っておやすみ。

今日もありがとう。

そんな日々ですマジで。

どの家庭もそうなんでしょうけど、同じ波長が満ち引きして、足りないところを補い合って足りてるところは分け合って、そうやって生きています。

現場が立て込んでる時はお互いの台詞覚えに付き合ったり台詞合わせしたりもしますし、今の現場で抱えている悩みを相談したりもします。夫婦共に共演したことがある方と現場が一緒だったりすると『よろしく言っといてー』なんて言われて不思議な気分になったりもします。

俳優同士の夫婦の生態って謎ですよね？　他のお家はどんな感じなんだろ？

どんなことでも俺はそこに『尊敬の念』があるか否かが大切な要素で。

それを享受し合えるだけでも結婚して良かったなと心から思いますし、同時に、ずっと尊敬してもらえるように生きようって、前を向いて突き進める。そう思わせてくれる人と一緒に歩いてます。

こんな機会でもないと語ることは無かったと思うので今回だけの特別。

読んでくれてありがとうございました。

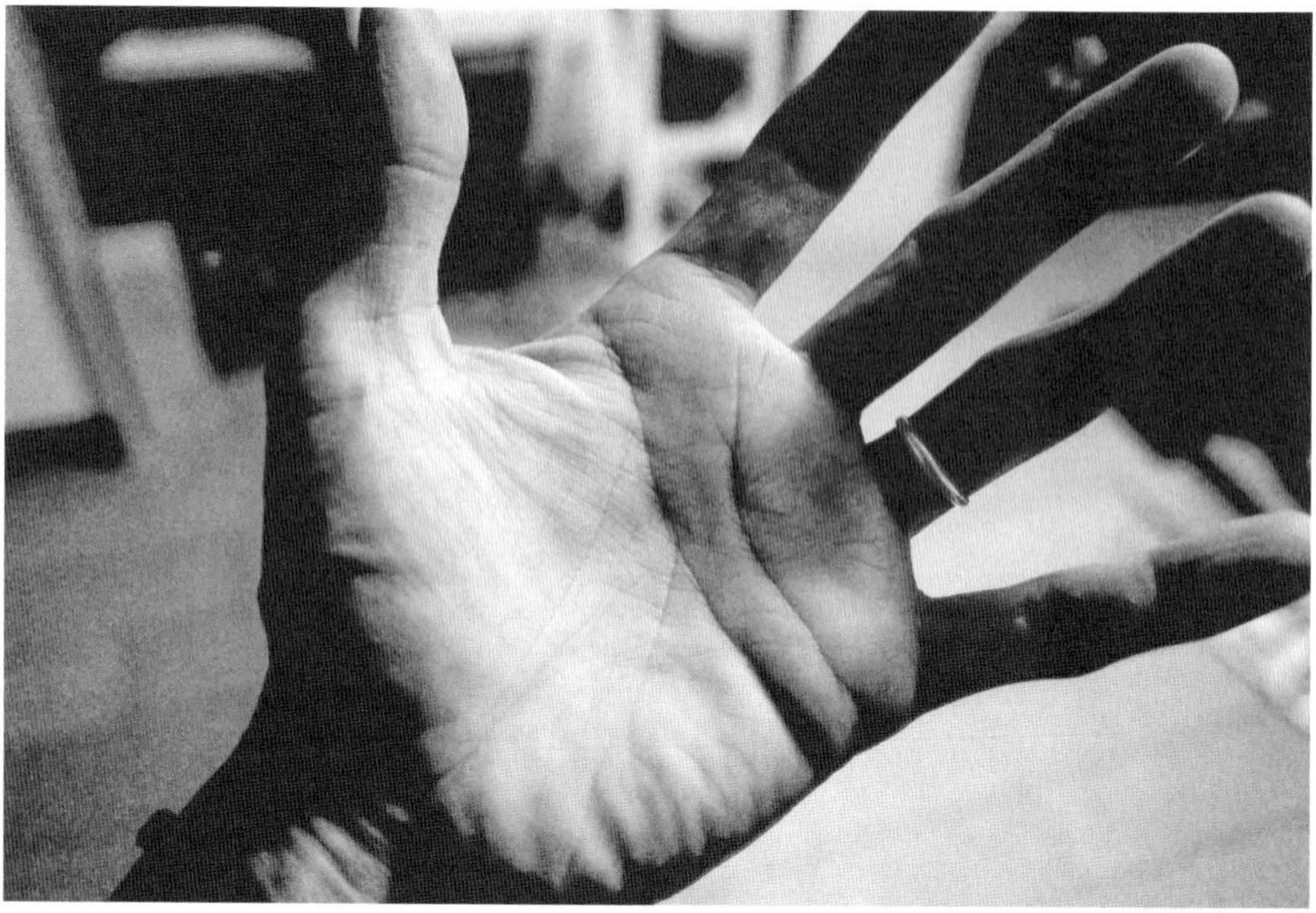

難波駅にて

アメリカ村を抜けて難波へ向かう道中の、道頓堀の川沿いのラブホテルに消えていく高校生のカップル。

短髪腰パンのやんちゃそうな男の子と、黒髪のサラサラのスカート丈長い女の子。

彼らは共に制服だ。

時期も時期だ、さっきアメリカ村で同じ制服を着た集団を見かけたところなもんで、ポツネンと寄り添い歩く二人は非常に印象的だった。

修学旅行を抜け出した二人、その逢瀬なのだとしたら、褒められたことではないのかもしれないがこんなにも素敵な事はない。

SPECIAL CROSSTALK_002

SHUTOKU MUKAI

玉置玲央×向井秀徳

(ZAZEN BOYS)

10代からの憧れの存在と語る
自己顕示欲と表現への思い

表現活動に通底する自己承認欲求

玉置 今日はお時間を頂きありがとうございます！ まずは、なぜ対談のオファーをさせていただいたかをお話ししたいのですが……。

向井 そうですね。ぜひ教えてください。そもそも、あなたは誰なんですか？

玉置 （笑）。そうですよね、はじめましてですもんね。僕は玉置玲央と申します。俳優として主に舞台で活動していて、たまに映像作品にも出演しています。10代の頃からNUMBER GIRLとZAZEN BOYSが大好きで、向井さんからすごく影響を受けてきて。今回エッセイ集に対談を収録することが決まり、「これはチャンスだ」と、向井さんのお名前を挙げさせてもらいました。

向井 なるほど、そうだったんですか。ありがとうございます。対談というのが私はあまり得意な方ではなくてですね。何か聞きたいことがあれば、答えさせていただきますけども。

玉置 ぜひ！ 今日は、向井さんの人間性についてや、アーティストとしての考え方についてお聞きし

たいです。僕は柿喰う客という劇団に所属していまして。向井さんもバンドというコミュニティに属していると思うのですが、向井さんにとってバンドとは、どういう場所ですか？　柿喰う客は約20人の団体なんですが、僕にとってはホームというか、家族みたいな感覚があるんです。劇団以外で芝居をする機会も多いので、たまに劇団公演があると、実家に戻ったような感覚になるんですよね。

向井　バンドはスポーツチームと重ねられることもあるんだけれど、私は全然違うと思っているんですよね。いろんな形のバンドがあると思いますけど、核にあるのはやっぱり、演奏して楽しむこと。音を人と合わせて鳴らし、生まれるアンサンブルの気持ちよさを追求するのがバンドだと思います。でも私の場合は、楽しむということよりは、もう少し〝自己顕示欲の吐き出し装置〟みたいな意味合いが強いんですね。自我の吐き出し舞台とでも言いましょうか。「私一人じゃ物足りんから、ちょっと手伝ってくれや」という感じで、バンドメンバーがいるような。

玉置　（感嘆して）ほう……。

向井　すごく独善的な、自己承認欲求の成れの果て。本来の音楽との向き合い方とは、違ってしまっていると思いますね。でもそういうナルシスティックでエゴイスティックな部分がないと、こんな人前で恥さらしになんかなれんよ、とも思います。私は劇団というものをあまり多くは知らないんですけれど、家族みたいなものだというのはどこか想像がつ

きます。1970年代の、山田洋次監督の『同胞《はらから》』という映画をご存知ですか？

玉置 いえ、存じ上げないですね。

向井 倍賞千恵子さんが劇団のマネージャーを務めていて、田舎の街に出向き、青年団主催で公演を開いてくださいと依頼するんです。そして最終的には公演は成功する。青春映画なんだけども、倍賞千恵子が少し洗脳するように押し切るさまなど、私はなんだか『ミッドサマー』みたいなホラー映画だな、と感じた部分があって。その印象があるから、なんか劇団って怖えな……というイメージがあります。

玉置 いえいえ、健全ですよ！（笑）いろんな劇団がありますけどね。でも僕も、表現する上で抱く自己承認欲求はすごくわかります。俳優業も、めちゃくちゃ恥ずかしい仕事だなと思うんですよ。舞台に立つのも、カメラに抜かれるのも、自分自身の人生をさらけ出すのと同じことで。恥ずかしいことをしているなといつも感じます。

向井 でも、役者さんは本当にすごいですよ。私は「演じてください」と言われることが時々あるんですけど、自我がありすぎるもので、まあ無理ですね。演じるということは、自分の人格から幽体離脱しなければいけないというか、自分が自分じゃなくなってしまいますから。役者さんって、全く違う他人に変身するわけですよね？

玉置 別の人間の精神に渡り歩くような感じです。

向井 それは本当にすごいことですよ。自分を抜け殻にして、役になりきる。それでも、自分の自我というものは残りますよね?

玉置 はい、絶対にありますね。抜けきれないものなので。自我がなくて表現できるかと言ったら無理ですね。

向井 表現をする人は、そうじゃないと人前に立てないと思いますよ。私は映画でも舞台でも、作品というのは最終的には、演じる役者さんのものだと捉えているんです。肉体を駆使するのは役者さんですから。感性を駆使しないと、できないお仕事だと思いますね。

舞台もライブも、共有する生の体験

玉置 向井さんはソロでもステージに立っていますよね。僕、(2024年)1月の向井秀徳アコースティック&エレクトリックも観に行きました。先ほど、バンドでは自分のエゴイスティックな部分にメンバーを付き合わせているとおっしゃってましたけど、ソロのときは、自分一人でやれるという気楽さがどこかにあるのでしょうか?

向井 フットワークの軽さというのはやはり魅力です。地方の方から「ライブをしに来てくれませんか?」と言われたら、気軽に行けますしね。そういう良さもある。けどその分全部、自分で背負い込むことになりますからね。

玉置 なるほど。全ての責任を一人で背負うことになる。

向井 そうなんです。まあバンドでも、ドラマーがフレーズを間違えたら、それはドラマーではなく私の責任になるんですけどね。逆に誰かがすごくいいプレーをしたら喝采を浴びるのはその人で、このメガネの手柄にはならない(笑)。結局はバンドだろうがソロだろうが、責任感がのしかかってくるというつもりでやっています。恥をさらしながら、人様からお金を頂いて観てもらうなんて、本当に傲慢なことだと自覚しています。

玉置 付き合ってもらっているという感覚……わかります。僕も一人芝居をやるんですよ。いつも一人で責任を背負い込んで、一人で緊張しながら舞台に立っています。全部自分の力で解決できる感覚は、面白いなと思いますね。うまくいかなかったら自分が落とし前をつければいいし、逆に上手くいったら「自分、よくやった!」と自信が持てる。

向井 私は舞台というものを見る機会がそんなにな

くてですね。宮藤官九郎さんとは一緒に仕事をすることがあるので、たまに宮藤さんの舞台は観させてもらうんですけど。宮藤さんも相当変わったことをやってますよね（笑）。舞台って、ステージの上に人間が何人も存在して、同時にいろんなことが巻き起こり、そして時間が経過していくわけじゃないですか。セリフがないときも、当然舞台上では演技をしているわけですよね。その時間軸を追うのが、舞台を見る楽しさなんだろうな、と思ったりします。

玉置 （深く頷きながら）ええ、本当にそうだと思います。

向井 やっぱりライブなんですよね。観る側も演じる側も、一緒に時間を過ごす楽しさ。それが魅力的だと思います。映像作品だと時間軸がバラバラだから、そういう共有はできないですよね。あと舞台は、たまに端っこで、「私今セリフないけど見といてね」みたいに、やたら目立って目に留まる人もいますよね（笑）。

玉置 います、います。「目立とうとしてるの、こっちには丸わかりだぞ」と思いますよね（笑）。

向井 逆に、存在しているんだかいないんだか、わからないような人もいるし（笑）。そういうのも面白いですよね。

玉置 演劇においては、長らく「第四の壁」という概念があったんです。客席と舞台の間には壁があり、俳優は観客が存在しないものとして舞台上で振る舞い、観客は外から舞台上の世界を覗き見している、と。ずっとそうであるべきだとされてきたんですが、1980年代中盤くらいから、「第四の壁なんてない」という方向性になってきて。お客様がいることが当然で、それを意識して芝居を作ることが普通になってきたんです。

向井 その方が自然だろうね、と、私なんかは思ってしまいますよね。舞台はライブなんだから。「おお、アンドレア……！」ってセリフを言ってても、「いや、あなたの名前は、山口邦雄さんですよね？」ってどこかで思っているし。

玉置 （笑）。そこに嘘をつかなくなってきたということですね。

向井 舞台はそうであるべきだと思いますが、カメラの前で芝居をする映像作品だと、また違う次元になりますよね？　鑑賞する人が目の前にいないわけですから。

玉置 そうですね。想像力で補完するしかない。僕は、カメラの先にいるであろう、テレビを通して観てくれている人を想像しながら演じて、その溝を埋める作業をよくやります。それこそ、コロナ禍には無観客配信ライブというものがたくさん行われていたじゃないですか。目の前に誰かがいるから演奏するライブを、誰もいない空間でやる。そんなこと本来はあり得ないですよね。NUMBER GIRLが2020年3月にZepp Tokyoで行った「NUMBER GIRL TOUR 2019－2020『逆噴射バンド』」では、（森山）未來くんがサプライズで登場して踊っていたのがすごく印象的だったのですが、あのときはどんな感覚だったんですか？

向井 日本で緊急事態宣言が出るか出らんかというタイミングでしたね。開催の数日前に感染者数が激増して、その週末のイベントが軒並み延期や中止になって。NUMBER GIRLは3日前くらいに公演を延期することを決めたんですけど、ライブビューイングをする予定だったから、いずれにしてもカメラチームは入ることになっていたんです。だったらば、その配信だけでもとにかくやろうと急遽決めて。でもカメラを入れて普通にライブをするというのはやったことがないし、フロアを使って、ライブ収録

とは違うシューティングのアプローチにしましょう、と。

玉置 向井さんの提案で。

向井 そう。で、さらに思いつきで、「鉄砲を撃ってもいいっすか?」って聞いたんです。普通は、たとえおもちゃの鉄砲であったとしても、人に銃口を向けてはいけないんですよ。ライブ現場で客席に向けるなんて、絶対に許されない。ただし、カメラの前だったらいけるわけだ。もう、この世界の状況に対して「撃ち殺すぞこの野郎!」と言いたくて。実現させるために、事前に「消防署に連絡しとけ」とスタッフに伝えましたよね。

玉置 あははは(笑)。

向井 カメラに向けてだったらできますからね。アル・パチーノぐらいの勢いで撃ち殺すぞ、という思いでしたね。さらにそこに、森山未來が舞い踊る姿が突如思い浮かびまして。誰もいない客席に一人男が入り込んで、踊り狂っていると。もう異常空間ですよね。それをやりたくて、彼に連絡したんです。

玉置 途中で誰かが出て来たと思ったら、未來くんだったからすごくびっくりしました。本当に異常空間Zでしたね。目の前にオーディエンスがいないそ

ういった状況では、向井さんの自己顕示欲や恥の部分は、どこかに消えてしまうんでしょうか？

向井 いや、渦巻いてるんですよね。受け止めてくれる相手がいないところでは、もう遠吠えをするような感覚ですよね。

玉置 でも、「届け！」とは思っている。

向井 そうですね、もちろん。あとは半分くらいヤケクソですね（笑）。

玉置 その1年後、NUMBER GIRLとZAZEN BOYSの日比谷野音でのライブ「THE MATSURI SESSION」も無観客での配信ライブになったじゃないですか。その頃にはもう、コロナ禍の状況に慣れてきていましたか？

向井 配信が当たり前になっていた時期だったしね。もう「しょうがねえな」と。でもパンデミックが長引いていくと、音楽をちゃんと好きな人は、次第に「やっぱり配信じゃ違うな」と思うようになっていきましたよね。その結果、配信業者は当時山ほどいたけど、普通にライブができるようになった今ではもう、ほぼ全員いなくなっている。直接見られないライブは「これ、ＹｏｕＴｕｂｅ見てんのと一緒だな」と、みんなが気付いたんでしょうね。舞台も同じじゃないですか？

玉置 全く一緒ですね。公演の配信が一時期めちゃくちゃ流行りました。いやらしい話ですけど、現地に行けない遠方の方にも観ていただけるので、稼げるという面もあったでしょうし。でも結局、表現として「そういうこっちゃない」って思われるのってデカいと思うんですよね。その場でお芝居を浴びること、劇場で共有することが大事で。僕たちも、目の前で観てもらうことを前提に作っている節はやっぱりありますから。

向井 舞台は、全体像を映したら誰が何やってるかわからんし、セリフを言っている人をカメラが追うと、フレーム外で色々な人が芝居しているのが全然見えない。全く映像向きではないですよね。それに、空気の振動の話になりますけど、会場とＹｏｕＴｕｂｅで見るのじゃ、物理的に音量が全然違うわけで。そしてスピーカーから出てくる空気の振動を、現地で耳が体感するんですよね。芝居は生声ですから、まさに生声の周波数を、振動を、観客は体で感じる。それこそが生の体験ですよね。

観客に〝10年殺しの呪い〟をかける

玉置 向井さんは作詞作曲はもちろん、絵を描いたり、いろんな作品を生み出しますよね。その中で、「これは会心の出来だ！」と思うことはありますか？　僕たち役者にとっては、ベストアクトな芝居ができたという手応えがあり、お客さまにも伝わった実感があり、さらに監督や演出家などが「良かった」と言ってくれたときが、それにあたると思うんですが。

向井 ライブをやっていると、そういう瞬間が少なからずありますね。ギターの演奏が上手くできたとかそういうことではなく、噛み合ったときだと思います。バンドと、会場の波動が。毎回それを目指したいもんですが、そんなに数は多くないかもしれない。毎回それを求めていますけれどもね。

玉置 YouTubeにアップされている、向井秀徳アコースティック&エレクトリックの「自問自答」のライブ映像があるじゃないですか。あれはものすごい演奏だと思っていて、生で見れなかったことを後悔するくらいで。向井さんとしては会心の出来だったりするんでしょうか？

向井 ああ、あれは確かに現場でヘビーだったというか。空気が凍てついた感じになったことを覚えていますね。

玉置 やっぱりですか。僕はチケットを取れなくて。観に行っていた友人が、終演後に電話をかけてきて「今日のライブ、すごいことになってた」って泣いてたんですよ。僕はファンとして「自慢か！」って悔しかったんですけど（笑）、それほどすごかったんだなと。

向井 嬉しいですね。やっぱり人のハートを動かすということは自分にとってすごく喜びで。それを長いこと続けてこられているということは幸せですよね。

玉置 向井さんは今51歳ですよね。僕は「おまえの人生変えてやる、狂わしてやる」という思いで芝居に臨んでいるんですが、向井さんもステージに立っているときは同じような思いですか？

向井 そこまで大それたことは思っていないですね。「人の道を変える」「人を救う」とか、それを信念としてやられているミュージシャンの方はたくさんいるし、素晴らしいと思うんですけど、私ごときがちょっと傲慢だなと思いまして。そうじゃなくて、

私は少しだけでも、心臓をドキドキさせたい。私の自我を認識してほしい。やっぱり自己顕示欲になるんですけど、そういうところですね。でも友達になってほしいわけじゃないので、わがままなんですけどね（笑）。「今二度見したよね？ 少しでも俺を意識したよね？」と思える、それだけで嬉しいんです。

玉置 なるほど。ライブでは向井さんの遊び心を感じる瞬間も多いんです。サカナクションになって「忘れられないいっちゃね」（原曲：「忘れられないの」）を歌ってみたり、Vaundy になって出てきたり……（笑）。あれはどういう動機でやっているんですか？

向井 その時々の自分の中でのブームをやってるだけじゃないですかね。Vaundy は、あのときたまたま、彼のような黄色いパーカーを着ていたから（笑）。

玉置 （笑）。思いついちゃったんですね。で、Vaundy を歌うのかと思ったら、歌わないという。

向井 曲は知らなかったから（笑）。ちゃんと1曲歌えるくらいになってからやればいいものを、完全なる思いつきですよね。しっかりカバーをするときも、その時々の自分の中でのブームです。TOM CAT の「ふられ気分で Rock'n'Roll」をカバーしたときも、改めて聴くといい曲だなと思ってですね、MATSURI STUDIO で練習してみたらいけるなと思い、ライブでやってみました。

玉置 ちなみに、フェスなどではいわゆるアウェーの空気の中でのライブもあると思いますが、そういうときはどんな心境ですか？

向井 まさに、いろんなお客さんがいますよね。あるとき、すごく若い方々がフロアの前方にいらっしゃったんですよ。我々の後に出るアーティストをいい位置で見るために、場所取りをしているんでしょうね。それでもう、ZAZEN BOYS のライブ中に辛そうにしているわけだ。「早く終わらねえかな」

みたいな感じで、ずっと下を向いて。でも私はそういう状況に慣れていますし、そういう時に〝10年殺しの呪い〟をかけるんです。人の音楽の趣味はどんどん変わっていきますから、その女の子が10年後、ふとした瞬間に「ZAZEN BOYS？　ああ、あのときのメガネのバンドか。まだやってんだ」って聴いて、「なんか不思議なビートだな。かっこいいな」って、好きになってくれることもあるわけですよ。実際にそれでライブに来てくれる人もいるんです。

玉置 それが〝10年殺しの呪い〟……。その瞬間は「しめた」と思うんですか。

向井 ええ。「あなた、音楽好きで良かったね。音楽が好きならZAZEN BOYSのことが好きになると思うよ」というふうに思ってます。

玉置 僕は昨日までちょうど「朝日のような夕日をつれて」という舞台に出演していたんですけど、鴻上尚史作品で、今回が8回目の上演なんですね。僕は10年前にも同じ作品に出ていて、そのときは一番若手の役だったんです。それが10年経った今回は、座長をやることになって。それも感慨深かったんですけど、なんと10年前にも観に来てくれたお客さんが、娘さんを連れて今回も観に来てくれたんですよ。

その瞬間、「なんだか、自分はすごいことをやってるのかも」と思いました。こんなサイクルの表現ってあるんだな、と。昔、その人の心に刺さったから、10年後もまた観に来てくれたんだよな、と。

向井 続けていくと、嬉しい瞬間はありますよね。私も年齢層の高いお客さんが多いんですが、お子さん世代が来てくれたり、対バンした若いバンドの方に「生まれた時には解散していたのでライブは見たことがないんですが、NUMBER GIRLに本当に影響を受けました」と言われることが増えてきて。NUMBER GIRLを再結成したのは、そんな人たちに「もう1回、生で聴かせたろうかい」という気持ちもありましたね。

コラボレーションで燃え上がる刺激

玉置 向井さんはさまざまなジャンルの方とコラボレーションするじゃないですか。落語家の立川志らくさんや小説家の古川日出男さん、俳優の松重豊さんなど。あれはどういう感覚なんですか？

向井 「異種が混ざり合うとどうなるのか」という興味ですよね。個性がどういうふうに混ざり合うのか、ぶつかり合うのか。（2024年）11月に松重さんとライブを一緒にやるんですが、まだどうなるか全くわからないんです。打ち合わせをして決め込むよりは、その場のノリでやったほうがやっぱり面白くなる。個性が強ければ強いほど、刺激的ですよね。

玉置 そうしたコラボの時も、お客さんに自分を見てほしいという自己承認欲求は同じですか？

向井 またちょっと違いますよね。というか、相手と対峙することにいっぱいいっぱいで、客席を意識する余裕があまりないかもしれない。必死になっているから（笑）。

玉置 でも、やっぱりその燃え上がっている瞬間を目撃してほしいんですね。

向井 それは、二人でやってても絶対につまらないですからね。燃え上がった瞬間を目にしてもらって、「今の見たよね？」と問いたいんです。

玉置 僕は音楽家と一緒にステージに上がったことはないですが、一人芝居の劇伴を作るために、知り合いの音楽家とスタジオに入ったことがあるんです。「僕の動きを見ながら音をあててみて」と依頼して、ぶっつけでベースを弾いてもらって。

向井 それは完全にライブセッションですよね。楽しかったですか？

玉置 面白かったです！ でも、めちゃくちゃ難しいなとも思いました。自分のセリフを言いつつ、決まっている演出上の動きもして、相手が弦を弾く瞬間なども見逃さないようにしなきゃいけないし、さらにその人の人間性も感じて。向こうも僕の口の動きやテンション感に神経を尖らせている。俺が「ここで止めるよ」と思った瞬間に向こうもミュートをかけて、ピタッと揃った瞬間、ものすごく高揚しました。「なんでここだってわかったの!?」と。向井さんはそれをずっとやってらっしゃるわけですもんね。あれは、脳みそ溶けちゃうなと思った経験でした（笑）。すごいことをやっているなと思いますよ。

誰かを救いたいとは思わないけど、自分を救いたい

玉置 ちなみに向井さんは、音楽を辞めたいと思ったことはありますか?

向井 辛くて逃げ出したいということですよね。それはね、幸せなことに、今まで一度もないんですよ。私が「もう音楽しかできない」と思っているという部分もあると思います。今から全く別の仕事をやりなさいと言われても、「いや無理っすわ」となりますから。でもしょうがなくやっているということではなく、やっぱりやることで、自分自身が救われているんですよ。誰かを救いたいとは思わないけど、自分を救いたいんです。やる理由はそこですね。この先もこれを続けていければいいですけどね。

玉置 今後も変わらず、同じスタンスで。

向井 そうですね。作品を作ったり表現するということは、エネルギーの放射ですから、ずっと同じようにやり続けるのは物理的には難しいと思いますが、なるべくずっとやっていきたいですね。ある種、自分勝手にやってこられたから、続けてこられたのかもしれないです。自分の気ままに、マイペースに。それは自分にとってはとても重要なことですね。別に、八ヶ岳に別荘を建ててそこに籠り切ってAmazon Prime Videoを見続けたい……とは思いませんけど、今もMATSURI STUDIOの地下室で、日がな一日Amazon Primeを見ていることも多いですからね。

玉置 コロナ禍にはギターを弾かずずっとAmazon Primeを見ているとおっしゃっていましたが、今も見ているんですね(笑)。

向井 ええ。あの頃はもうギターを弾く気が起きなかったですよ。聴いてもらえる相手がいないと、本当にやる気が出ない。それに気づいた時間でしたね。

玉置 聴いてくれる人がいる限りは、この先も音楽を続けるんですね。ちなみに向井さん、ここらで俳優業をやってみるのはいかがですか?

向井 いやあ、自分は向いてないですよ。自我の権化クソ野郎ですから。宮藤官九郎さんにコントをやらされることはあるんですけど、それは自分のキャラクターそのままのような形だったんです。そういうものならばやれないことはないかもしれないけど。あ、役者を演出する立場はやってみたいですね。

「午後3時以降はあなた自身に戻ってもらっていいので、午後3時まで私のイメージする人間になってもらえますか」と。

玉置 ははは！　ぜひやりましょう、面白そうです（笑）。……今日は本当に、お話しできて嬉しかったです。僕は俳優業を辞めたいと思う瞬間がたくさんあるんですね。しんどい瞬間も多いし、摩耗することもあって。でも、そこで自分に原因や理由を求めるとどうにもならなくて、待ってくださるお客様や、声をかけてくれる演出家、監督のおかげで続けられていて。変な話ですけど、向井さんと話していて「それでもいいんだな」と思えました。

向井 最初は繊細な人かと思ったけど、ちゃんとした筋を持っていらっしゃる方で、ナイスガイだなと思いました。役者としてどんな表現をしているのか興味を持ったので、玉置さんの出演作品、観てみたいですね。

玉置 ぜひ！　もしよかったら、ＹｏｕＴｕｂｅで「いまさらキスシーン」っていう僕の一人芝居を見てもらえたら嬉しいです。あるいは、大杉漣さんの最後の主演映画「教誨師」にも出演しているんですが、その映画も向井さんにぜひ観てもらいたいです。

向井 チェックしてみます。

玉置 ちなみに以前、下北沢のシャッター前でベロベロに酔っ払って、弾き語りをしている向井さんを目撃したことがあります（笑）。

向井 ああ、一人で酔っ払ってギターを弾いていたら堪えきれなくなって、人様に聴かせたくなり、路上に出て行ったときですね。酔っ払っていて、もうコードもろくに弾けていなかったと思います。

玉置 でも、路上で歌ったこと自体は覚えているんですね。

向井 もちろん覚えてますよ。やっぱりね、自己顕示欲の塊なんです。私はそこらのインスタグラマーより、自己承認欲求が強いと思いますよ。

玉置 （笑）。本日はありがとうございました！

向井秀徳　むかい・しゅうとく

ミュージシャン。1973年生まれ、佐賀県出身。1995年にNUMBER GIRLを結成し、1999年メジャーデビュー。2002年の解散後、ZAZEN BOYSを結成し、現在までに6枚のアルバムをリリース。2019年にはNUMBER GIRLを再結成し、2022年に惜しまれつつ再解散。また、向井秀徳アコースティック&エレクトリックとしても活動中。

二律背反の覚悟

後輩からの相談やインタビューなどで『俳優辞めようと思ったことはないですか?』と聞かれることがあります。

答えはイエス。なんなら、めちゃくちゃいっぱいある。

自分で言うのもなんだけど、演劇に対して『だけ』は真面目で真摯で、物凄い熱量ぶち込んで取り組んでいるのだろうという印象を持っていただくことが多いみたいです。

これも答えはイエス。そういう風に生きてきたつもりだもの。

だから意外って声もよくいただきます。じゃあ矛盾してるじゃないかと思いますか? でもそれが今、俺の中ではイイ感じでバランス取れているのですよ。

俳優辞めたら畑仕事しながら家具職人やって、その家具を並べてカフェをやりたいんだよな。そんな余生をおくりてぇもんです。

若い頃は、お芝居をやることに対して職業なんて認識はなくて、ただただ仲間と集まって朝から晩まで稽古して、稽古終わったら飲みに行って、ヘロヘロのままままた翌日稽古して。オフの日にも誰かの家に集まってお菓子つまみながら酒飲みながらゲームやって夜通し騒いで夜中にラーメン食いに行って。それだけで楽しかったし何ならそれが目的だったりもした。中屋敷んちでやった人生ゲームとか一生忘れないし、その後夜鳴き軒で食ったラーメンも一生忘れない。淵野辺の王将のキムチチャーハンも両面焼きの餃子も、庄やの阿鼻叫喚の飲み会も、忘れられる訳がない。

はたから見れば狭い世界の中で、自分こそが誰よりも一番面白い芝居やってるって、誰にも負けねぇって目ん玉ギラつかせてニヤニヤ突き進んで。演劇に向き合えば向き合うだけ演劇を愛すれば愛するだけ、演劇もこっち見てくれる愛してくれるって信じて疑ってなくて。俺は一生こうやって生きていくんだって決意固めて。

とにかく、頭の先からつま先まで演劇が大好きだった。演劇に纏わる全てが大好きだった愛しかった。

それは今でも変わってないし嘘でもないんだけど、自身が大人になってお芝居が生業になって時代も変わって、それだけじゃなくなったこともやっぱりたくさんあるんだよね。嫌いになんてなってない。それは間違いなく言える。今でも劇団の仲間たちや共演者のみんなと一緒にいるのは代え難い時間だし、燃え盛る欲求のようなものが轟々と音を立てているし、演劇を愛していると胸を張って言える。

ただ、本当にちょっとだけ冷静になったんだと思う。

昔から、演劇のために何かを犠牲にすることが好きじゃない。睡眠時間削って。貯金切り崩して。愛しい人との時間を擲《なげう》って。酒に溺れて。誰かを傷つけて。誰かに傷つけられて。それで産まれるお芝居が人の心を芯から打ち鳴らすのかい?と、ずっと問うて生きてきた。誰に? 俺に。健全な魂にこそ健全な演劇が宿ると思ってる。俺だって、俺の尺度では誠心誠意取り組んできたつもりでも、誰かにとってはとても真摯に演劇に取り組んでるとは思えないって見えてたりもするんだと思う。なんなら若い頃はもしかしたら犠牲にしてるじゃんて思われるような振る舞いたくさんしてたかもしれない。でも、俺は心底から犠牲だなんて思ってなかった。全てが自分と自分を取り巻く演劇のためになると思っていたし、それが俺のやりたいことだったから、苦もなく文句もなく色んなもの擲《なげう》って演劇に取り組んでいた。それはマジで本当に。

ただ、今現在、同じことはできないんだよ。

それはなぜかっていうと、演劇と同じかあるいはそれ以上に大切なモノがたくさん手に入ったから増えたからそばにあるから身についたからだ。今こそ、俺は何かを犠牲にしかねないって予感がしているんだよね。だから、これからもちゃんと演劇を愛するために、演劇に期待し過ぎないようにしようって思うようになったんです。これは悲観的な話じゃなくて、やっぱり一生演劇を抱き締めて生きていきたいと思っているんですなんだかんだ言って。でも今、例えば若い頃のあのままの想いで演劇抱き締めると俺がぶっ壊れちゃうなって思って。多分演劇もぶっ壊れちゃう。続けられない心と身体になってしまうなって。

それを一番明確に意識したのはコロナ禍の時です。『演劇とコロナ禍』は因縁とも言える間柄で、演劇という文化が無くなるとは思わなかったけど、もしかしたらこの先何も気にせず自由に表現活動ができる日は二度と来ないかもしれないとさえ思いました。当たり前に存在している演劇が当たり前じゃなくなった時、そしてうっすら、いつ死ぬか分からないなとなった時に日常生活を大切にしようと強く思ったのです。明確に優先順位が変わった瞬間でした。俳優業がいつなくなっても大丈夫なように生きよう、過度な期待をしないようにしよう、もっと言うと良い意味でそんなに大それたものじゃないよ演劇はって思うようになって、ならいつ俳優辞めてもいいやって思えるようになったんですよね。

演劇は変わらず愛してる超愛してる、でもいつ辞めてもいい。その二つを持っているからこそ、俺は絶対辞めないんだと思います。伝わりますこの感覚？

ちなみに、それまでだって俳優辞めようと思ったことはいっぱいあって、それらは全て『演劇が演劇たり得ない事情で理不尽に襲いかかってきたから』ってのが理由だ。小難しい言い方は止めよう。

演劇で悪意をもって傷付けられたからだ。しんどくてしんどくてどうしようもねーこといっぱいあったよ。なんで好きなことやっててこんな思いしなきゃなんねーんだよって何度も思ったよ。でもそれは誰もが通ってきてる道じゃんね。自分だけが特別だ可哀想だなんて烏滸《おこ》がましいにも程があるぜおまえさんよ。

だから俺はきっと結局絶対に俳優辞めない。

犠牲になった全てを全部取り戻せるような奇跡に出会いたいから、テレビの向こうにアナタがいるから、劇場にアナタがいるから。誰かがそこにいてくれるからそれを頼りに演劇を手繰り寄せることができるんです。本当にありがとう。

おい。絶対に辞めねーからな。

OMOIDE IN MY HEAD状態

好きなモノの話の中で、音楽と漫画に関しては特に思い入れがあるので別の編にしちゃった。許しておくれ。とくと語りたいのですこの二つに関しては。

今回は音楽について。

中学生の頃、一番仲が良かった友達と『まだ誰も知らないバンドを見つけてくる』という遊びをよくやっていた。他の同級生たちが聴いている音楽がどうにも合わなくて編み出した遊びだ。彼とは高校進学後、別々の学校に進学してからも少しの間交流があって、この遊びは結構長く続いた。

渋谷のTSUTAYAには当時インディーズバンドの特集コーナーのようなものがあって、そこに行けば最先端のインディーズバンドを知ることができたし、下北沢のディスクユニオンに行けばよりコアな知られざるバンドが紹介されたりしていてお互い通い詰めた。どっちがよりカッコいい、お互いの好みに刺さる、そしてこれからバリバリ売れるであろうバンドを見つけてくるかで競い合っていた。俺は『GOING UNDER GROUND』、『Hermann H.&The Pacemakers』、『くるり』、『GOING STEADY』『SUPERCAR』などを紹介したし、彼は『BUMP OF CHICKEN』『Hi-STANDARD』『HY』『ゆらゆら帝国』『ELLEGARDEN』などを紹介してくれた。今思えば、お互いの感性に乾杯ってな具合のラインナップじゃないか。素晴らしい。

ビッタリお互いの好みが重なっていたかというとそこまでではなくて、だからこそ見つけてくるバンドが被ることがなくて良かったんだと思う。当時の深夜帯はまだ世に知られていないバンドを紹介するテレビ番組がたくさんやっていて、彼の家に入り浸って一緒に視たりして情報収集に勤しんだ。SNSが発達していないからいわゆる『バズって売れる』みたいな現象はほぼ無くて、己の足と感性のみでバンドを『見つけてくる』感覚が強くて、だからこそ今でもあの当時に聴き始めたバンドは自分の中で大きな価値があるバンドとして染み付いている気がする。思い出と共に。

彼の方はどうだったか知らないが、そんな俺には虎の子のバンドがあった。誰にも教えたくない、自分だけが知っていて自分だけが楽しむバンドにしたいって紹介しなかったバンド。

それが『NUMBER GIRL』だ。

このエッセイでも対談をさせていただいている向井秀徳氏がフロントマンを務めていたバンド。

初めてNUMBER GIRLを認識したのは深夜の音楽番組だったと思う。もうなんか何もかもブッ刺さったよね。独特の世界観がぶち撒かれた詞と、非常に鋭くそして喧《やかま》しくもある曲と、叫ぶように演奏し唄うバンドメンバーとが余りにもカッコよろしくて、その剥き出し感が他のバンドとは一線を画していて一気に好きになった虜になった。同時に、あの当時NUMBER GIRLを聴いていたのなんて学校で俺くらいのもんで謎の優越感に浸りまくったりしていた。

思春期も真っ盛りだからさ、他人と違うことしたいし誰にも理解されたくないなんて思うしカッコもつけたいし。だから誰も知らない自分だけの秘密みたいな感じで、俺だけがNUMBER GIRLを聴いているのが本当に幸せだった。特別歌詞が寄り添ってくれているわけでもないし、曲がキャッチーかと言われればそんなこともなかったかもしれない。ただただカッコよろしい、その一点突破で俺の脳と耳と心を満たしてくれたのがNUMBER GIRLだったんですよね。

いつかライブに行きたいと思って追いかけ続けていたけど、財力も無いし学校も忙しかったりで、ついに叶うことなくNUMBER GIRLは解散してしまった2002年。推しは推せる時に推せ、だ。映像化もされているラストツアーの最終日、札幌PENNY LANE24での『OMOIDE IN MY HEAD』を何度も何度も聴いた視た浴びた泣いた。

それからはNUMBER GIRLを聴きながら御多分に洩れず『ZAZEN BOYS』を追いかけるようになる。こちらは向井秀徳氏がNUMBER GIRL解散後に結成したバンド。

NUMBER GIRLの鋭さカッコのよろしさそのままに、あるいはそれとは別に、よりオルタナティブにより刀のようにより強靭により変態的に突き進んでいる唯一無二のバンドです。ZAZEN BOYSは結構な数ライブに行かせてもらいました。NUMBER GIRLでの反省を活かして、いつ参加できなくなるか分からんと思って節操なく抽選に応募して。気付けばNUMBER GIRLよりも歴が長くなってました。

NUMBER GIRLもZAZEN BOYSも、今の今までずっと聴いているバンドです。前半に出てきた他のバンドの皆さんはたまに思い出したように聴いたりはしますが、ナンバガとザゼンはマジで毎日聴いてるし毎日口ずさんでる。本当に毎日毎日飽きもせず。脳と耳と心にベッタリとこびりついてしまっているんですよね。

そんな中、ってどんな中の話なんですが、2019年にNUMBER GIRLが再結成するですよ。

興奮してするですよって打っちゃったりするんですよ。

おいおい神様、そんなご褒美ありますかい?と。7月の新宿LOFTのライブには参加できず、8月のRISING SUN ROCK FESTIVALも遠くて諦めて、結果RISING SUNは台風で中止になってしまいそもそも参加が叶わなかったのだけどその直後、8月18日に開催された「TOUR『NUMBER GIRL』」の初日、日比谷野外大音楽堂のチケットが取れて。先行に申し込んだら取れちゃって。念願叶って、悲願達成の、もう二度と機会は無いだろうと思っていた『生のナンバガ』に触れることができたんですね。宝物だよあの再結成イヤーの野音のナンバガは。

キッカケというか経緯はそんな感じなんだけど、そしてこれは対談でも少し触れているんだけど、結局俺は向井秀徳に惚れている、ということなんですよね。もちろんナンバガ、ザゼンの他のバンドメンバーさんにも楽曲にも演奏にも惚れているのだけど、向井秀徳という人間性に惚れているんだと思う。こんなカッコのよろしい大人になりてぇなぁって昔も今も思っちゃってる。対談にお呼びしたのも、憧れや尊敬もあるけど、何より向井秀徳という人間を俳優という立場から徹底的に知りたいと思ってお呼びしました。この『俳優という立場から』ってのがミソ。演劇は何にでもなることができるからね。多分、恐らくだけど俺は、演劇の力をもってして向井秀徳になろうとしてるんだと思いますよ。なんじゃそりゃ、ですね。

最後にオススメのNUMBER GIRLとZAZEN BOYSの楽曲を紹介して終わります。思い出と共に。

■OMOIDE IN MY HEAD

NUMBER GIRLの楽曲。

ファンの中で嫌いな人いないんじゃないかなこの曲。中学時代はおろか高校に上がっても周りにナンバガ知ってる、好きなんて人はいなかったんだけど裏方始めたばっかの頃に出会った人がたまたま口ずさんでて、『OMOIDE IN MY HEADじゃん!?』ってめちゃくちゃ仲良くなった思い出があります。そういう曲です。

■鉄風 鋭くなって

NUMBER GIRLの楽曲。

もうなんかとにかく素晴らしくカッコよろしい。聴きながら、じゃなくてこの曲を聴くために隅田川に足を運ぶくらい。秋から冬、それから冬真っ只中の吹き荒ぶ風を感じたらそれは鉄風の季節だ。是非とも冬、隅田川に架かる橋の上で聴いてほしいこの曲を。

■KU～KI

NUMBER GIRLの楽曲。

風景描写が素晴らしくて、中野に特別な思い入れがある自分にはブッ刺さる曲。記憶から感情を想起させる曲と詞を産み出すのがナンバガ及び向井秀徳氏の凄いところだと思う。『4時半から6時の間 うろうろしてる中野の駅前』、分かるわー。

■六階の少女

ZAZEN BOYSの楽曲。

なんだけどちょっと特殊で、この曲はhalさんというシンガーソングライターの方のために向井秀徳氏が書き下ろした楽曲なんですね。しかもそのためにNUMBER GIRL解散直後に54-71というバンドのメンバーを集めて結成した言わば『最初期ZAZEN BOYS』の楽曲なんです。向井秀徳氏が外部に書き下ろす曲はほとんどが女性アーティストへの曲で、詞の内容も非常に艶っぽくそれでいて情念のこもった感じになって大変よろしいのです。halさんバージョンは都会の端っこの都市部の夕方の風景が埃っぽさと共に奏でられている印象でめちゃくちゃカッコよろしいし、ZAZEN BOYSバージョンはノスタルジィと思い出の情景がこれまた夕暮れ時間の色の中にソリッドに表現されていてカッコよろしい。つまり、カッコよろしい。

■自問自答

ZAZEN BOYSの楽曲。

バンドバージョンももちろん素晴らしいのだけど向井秀徳氏の個人ユニット『向井秀徳アコースティック＆エレクトリック』でのバージョンが堪らん。音楽とも言えるし語りとも言えるし叫びとも言えるし台詞とも言えるし。唄に感情が乗っかるのは、恐らく台詞に感情を乗せるのと通ずる部分があって理解できるのだけど、願いや祈りが乗っかっているように視える聴こえる。是非ともこれはライブ会場で喰らってほしい楽曲。

■永遠少女

ZAZEN BOYSの楽曲。

向井秀徳氏が書く詞曲にはこの『少女』という単語がよく出てくる。約12年振りに発売された新譜『らんど』に収録された曲でリード曲でもあるのかな。これも実際は分からないけど願いと祈りがぶち込まれた楽曲のように思う。

短絡的に捉えれば『戦争』のことを唄っているのだが、それでいい。戦争と少女の原風景を脂ノリノリの演奏に乗せて浴びせてくるのがTAMARAN、よね。

以上。

キリないし結局こびりついてるあれやこれやも加味したチョイスだから、誰も彼もにブッ刺さるかは分からん。けど、NUMBER GIRLもZAZEN BOYSも通ってこなかったって方、良かったら聴いてみてほしい。

人生変わってしまえ。

慟哭

2023年に放送されたNHK総合のドラマ10『大奥Season2』に黒木という役で出演させていただいたのですが、それに纏《まつ》わる話をさせてください。

『光る君へ』の編でも書いているんですが、大奥撮影時は光る君へと撮影時期が被っていて、二つの現場を行ったり来たりしている状態でした。でもそこまで混乱することもなく、なんなら二つの現場を行き来することは結果、良い気分転換になっていたように思います。

大奥で演じた黒木という人物は、堅物ながら実直で自分の尺度と価値観をブレさせない人物。でも決して頑ななわけではなく、仲間や近しい人たちとの邂逅で成長して、それをちゃんと変容させて燃え上がらせることのできる実は熱い一面も持っていて。善悪の分別をしっかりと持ちつつ仲間と病の根絶のために直向きに奔走する男というのが、俺の思う黒木像なんですね。

どうです？『光る――』の序盤の道兼とは全然違う男なんですよ本当に。加えて、共演者の皆さんのタイプも年齢層もガラリと違ったので、お陰様で穏やかに現場を行き来することができていました。

『大奥Season2』の前半は『赤面疱瘡《あかづらほうそう》』という架空の病気に立ち向かう人々の話で、俺は医療チームに属していました。その医療チームのメンバーが良い意味で男子校のようなノリと仲の良さだったことに本当に救われましたね。その空気感も実際の放送に乗せてお届けできたんじゃないかなぁ。雅で嫋《たお》やかで時に陰謀渦巻く平安と、カラッとチャキチャキの熱意と希望に満ちた江戸と。

俳優としてのスタンスや作業は両現場とも何一つ変わりませんが、座組や共演者、現場の雰囲気が違うことがこんなにも救いになるのかと驚きました。作品が違うので当然っちゃ当然なのですか、でもそれらに取り組むのは結局一人の人間なので、上手くいかない時はとことん上手くいかなかったりするんですよね。もう一人自分がいたらいいのにってたまに思いますもん。あとは大奥が漫画原作であったこと、それから、黒木という役が自分に合っていたってのも大きな要因です。

漫画原作の映像作品に参加する機会が特別多いわけで

はないんですが、舞台ではそこその数をやらせていただきました。取り組み方としてどちらでも俺は『原作を読む派』です。原作とドラマ・舞台は全くの別物だから原作読まないですという方もいらっしゃいます。どっちが正解とかは無くて、最終的に視聴者の方やお客様を満足させることができれば良いと思います。俺はただ単に漫画が好きなのと、台本には無いたくさんのヒントが転がっているから原作を読むようにしています。

後はもう聞いちゃう。大奥に関してはプロデューサーにも監督にも『原作とドラマの違い、どう考えてますか？』ってズバリ聞いてみました。『原作の良さは最大限引き出しながら、ドラマにしかできない表現を追求しようと思っています』というようなことをおっしゃっていて、そうそうそうだよね！と。状況によっては取捨選択せざるを得ないことは多々ありますが、俺は狙えそうなら何一つ諦めず全部拾って進みたいタイプなのでこの言葉は心強かったです。

なので存分に原作から黒木という役を掬《すく》い上げてキャラクターを作ることができたのと、今回の座組に対しての自分のスタンスと、原作内での黒木のスタンスがいい具合に重なった結果、黒木と自分も程良く重なったような気がしています。

役を憑依させるとか、役になる、みたいな表現をすることあるじゃないですか？　俺はどう足掻いてもそっちのタイプじゃないし、どちらかと言えば頭を使って役を構築するタイプなんだと思ってます。だから己のパーソナリティを大事にするし利用するし、人間と俳優の部分を切り分けて考えて人間の部分が損なわれないように俳優活動に取り組むようにしています。どこまでいっても『人間』であることは絶対で、演じることとか俳優業はただの表現の一つでしかない、そんな大層なもんじゃないって侮るのが自分の中ではちょうど良いのです。その達観具合というかある種のわがままというか、理解を得られなかったらただの嫌な奴になりかねないようなやり方が今回、幸運なことに黒木にハマったような気がしています。とは言え最後は、役に対する愛情と愛着に帰結する気がしますがその話はまた別の編で。

舞台『ダブル』の鴨島友仁の話で存分に。

大奥は非常にありがたいことに周りの方々からの反響が大きくて。『黒木が原作の黒木より黒木だ』という感想が嬉しかったですね。どういうことなのかもはや分からん表現ですけど、それがいいそれが嬉しい。

演じるって、色んなやり方アプローチの仕方があると思います。自分のやりたいことをとことん突き詰めて貫くって方もいらっしゃるし、共演者や監督や各部署のスタッフさん方との共通認識を探りながら進んでいく方もいて。さっき書いたようなことも合わせてそれらはあくまでほんの一例だし、度々書きますが俳優業にどれが正解不正解とかは無い。例えば現場や役に合わせてその振る舞いを変えたり取り組み方を考えたりすることも俳優の仕事のひとつなんだと思うんです。若い頃はよく陥りましたが緊張や遠慮で自分の本領を発揮できない、みたいなのが一番悲しいし切ないし勿体無くて。年齢を重ねて、経験を経て、誰かと繋がることで、そういう辛酸を払拭して自分の居場所を作っていき、伸び伸びとお芝居できる環境を『勝ち取れる』ようになれば、どれだけ幸せか。

『大奥 Season2』の現場はそういう想い全て混在していて、たくさんのことを試すことができましたし、たくさんのことを受け入れていただきましたし、たくさんの尊重と尊敬がありました。俳優とスタッフと、全部署の熱意が凄まじかった。面白いもん作るんだって覚悟が渦巻いていた。それが何とも居心地が良くて、自分が今どういう場所にいるのかをまざまざと感じることができて。この感覚は間違いなく財産。

やっぱり本当にやりたい芝居やるには勝ち取らなきゃいかん。手を拱《こまね》いて待っていても何にも変わらない動かない始まらない。意思を持って脚を進めて両腕力一杯伸ばして勝ち取るしかない。

この『勝ち取る』という感覚、これからも大事にしていきたいです。

武蔵小杉駅にて

渋谷駅のホームで特急車輛を待つ。

三番線にはすでに各駅停車が停まっていて、間も無く発車するという頃合いに一人の女性が滑り降りて来た。

次に来る特急車輛に乗った方が目的地に到着するのが早いと、解ったのだろう。

一見すると少女、纏っている空気を受け取れば女性というような、儚げな人だった。

口の端が少し上がり、凛とした佇まいで彼女は、暫くしてやって来た特急車輛に乗り込み空いた席に座ることなく扉横のスペースに立つ。

一挙手一投足、全て美しいのだ。

無駄無い動きの軽やかな所作。

伸びた背筋、恐らくは踊りを嗜んでいるのではないかと想像できる。

真っ白なパーカーが眩しい。

彼女は武蔵小杉でやっぱり滑り降りて行った。

口の端を上げて。


お陰で人混みに溢れた元町・中華街駅での絶望が、際立った。

生きているということ

死、というものに初めて立ち会うのはいつだろうか。例えば幼い頃、祖父や祖母が亡くなって何も分からないままお葬式に出てお通夜に出て。不謹慎かもしれないけど、親戚や従兄弟たちに会えて家族で遠出ができて、楽しいななんて思っていた節すらある。

棺の横でお父さんが見たことない顔してる。

お母さんも顔をくしゃくしゃにして。

あんなに気が強いお兄ちゃんだって泣いてる。

それで初めて今これは悲しい時間なんだって認識してざぁざぁと泣く。

でも記憶を辿ってみると、雰囲気で泣いていたわけじゃないし状況に背中を押されて、でもない。おじいちゃんにもう二度と会えないことが悲しくて、きちんと悲しくて、泣いていたと思う。

じゃあ絶対的に立ち会えなかった死とはどうやって向き合えばいいのだ。空元気も発揮できない、心底から悲しいのかも分からない、感慨や思い出を発露させることなく消えていくそれ。

ざぁざぁしない涙どうする。

そういうのはもう、一生握り締めて噛み締めて生きていくしかないのかもしれないなんて、薄っすらとしかし凄絶に思う。

俺には姉がいました。会うことが叶わなかった姉がいました。

その存在が今の俺の死生観みたいなものにどうやら色濃く影響しているんだけど、その色の濃さを知るのは決まって物心ついてからで。意味とか重大性なんて全く分かってなくてどんな慟哭があったかも知らなくて。ただただ暢気《のんき》に過ごしていた奴が何の拍子かある日ふと気付くわけだ。

今の自分が存在しているのは姉がこの世にいないからだ。と。

いやいや何を急にそんな重い話書き始めてんのよって思うかもしれないけどそういうことじゃなくて。お父ん、お母ん、兄さんもこれ読んで気を悪くしたらごめん、でも俺はそれを、昔も今も感謝してるんです姉に対して。絶対そんなこと気にしなくていいよって言うと思う姉ちゃん生きてたら。でも俺が今生きているのは、姉ちゃんが産まれてこなかったからなんだと思うんだよ。姉ちゃんのお陰で今こうして生きているんだよ。じゃあ俺がやることはさ、月並みだけど、本当に月並みなことなんだけど、姉ちゃんの分まで必死こいて生きるってことなんだと思うんだよね。貴女が生きられなかった分、俺が精一杯生きようと思って今の今までやってきたんだよ。いつか必ず会うことになる貴女に、恥ずかしくない報告できる生き方しようって思って。そこに必死こいて意味を見出したいんだよ重大にしたいんだよ大袈裟にしたいんだよ生きているということを。

誰かの命の上に自分の命が成り立っている、ということを。

夢、みなさん見ます？　俺はめちゃくちゃ見る。なんなら夢が楽しみで寝ることさえある。同じ夢を見ることもいっぱいあって、小さい頃から架空の街で架空の登場人物たちと架空の物語を繰り返したり。

そんな夢の中に何度も何度も登場する女性がいるんです。俺の成長と共にその女性も成長していて、その人は、人生の節目節目に夢に出て来て何かしらを語り掛けてくれて。話聞いてくれたりアドバイスくれたりするんですよ。

そんなん絶対姉ちゃんじゃん。

姉ちゃんだと思いたいじゃん。

姉ちゃんってことにしたいじゃん。

でも俺は夢の中でそれに言及しないの。当たり前に話して当たり前に『じゃあまた』とか言って夢から目を覚ます。聞きゃあいいのにテメエの夢なんだからさ『姉ちゃんだよね!?』なんて聞いちゃえばいいのに聞かないんだよ夢の中の俺は。そういうもんだよね夢ってなんなんだろうねアレ。

キッカケは何だっていいんだろうけど、これを抱えていれば俺は誠心誠意生きていける。またいつ会えるとも分からない姉ちゃんを想って日々床につく。

今日も寝て、起きて、営んで、また寝て。誠心誠意生きていける。

それが、俺にとっての生きているということ。

明日、いつものカフェで

演劇の街、下北沢。小劇場スゴロクの終着点。『小劇場スゴロク』ってのは我々が若い頃言われてた言葉で、劇団というものは都内各地の小劇場を渡り歩き少しずつ動員を伸ばしていき、最終的に『本多劇場』に立つのがゴールってやつなんですが。今はどうなんでしょうね？　そもそも『劇団』というものが様々な事情で少なくなってしまったのでそういう文化も薄れていってるのかもしれません。『規模を大きくしていく』より今は『やりたいことを徹底的にやる』という方が時代に合っているようで、演劇を志す人間が必ずしも本多劇場を、本多劇場に限らず大きな劇場、ロマン溢れる劇場を、ひいては下北沢を目指す必要はなくなっているのだと思います。そのロマンというのも勝手にこちらが決めて追い求めているもんだったりするんで、強制するもんでもオススメするもんでもないんですが。

でも。第三次演劇ブームの残り香に囚われている俺は、その時代の熱狂を追い求めて下北沢という街に思いを馳せるのです。

なーんてことを、下北沢駅小田急中央口ほど近くのカフェ『Blue Monday』で煙草吸いながら考える。このエッセイの撮影でもご協力いただいたカフェです。

窓際の席からは今現在、工事中につき開けた空間になっている下北沢駅前がペローンと見えて、様々な思惑を孕んだ人々の往来が眺められて楽しい。富士そばは無くなり携帯屋はたい焼き屋に。マクドナルドは相変わらずだけどすた丼は昔スタバだったんだぜ。綺麗になった太郎ビル地下のカラオケ屋は昔居酒屋で、駅前劇場の本番後はほぼ毎日通ってたもんだ。

下北沢には5軒お気に入りのカフェがあった。

その内、今でも営業しているのはこちらの『Blue Monday』ともう一軒のみ。そのもう一軒はとっておき中のとっておきなので名前は内緒。共通しているのはこの時代にあってもまだ喫煙ができるというところだった。美味いコーヒーと煙草、そして最高の景色があれば極上の居場所になる。

世田谷産まれ世田谷育ちなもので下北沢という街の変遷を小さい頃から見てきた。小学生の頃には鬼ごっこの舞台だったし、色気づいた中学生には絶好の古着タウンだった。高校生の頃には俺の中ではもう『演劇の街』になっていて、やがて開かずの踏切は無くなり駅前のTSUTAYAも跡形無く、あれだけあったたこ焼き屋も数えるほどになり立派な商業施設が駅には入って『若者の街』に生まれ変わった。何より、カレーの勢いが凄い。カフェはぼんぼこ消えてった。

寂しくもあるけど当然のことでもある。でもそれぞれのカフェに思い出があって、それは大体が当時出演していた舞台に纏《まつ》わるもので。意識して渡り歩いていたわけではないけど、この劇場入ってる時はこのカフェに、この人と行くならこのカフェだ、みたいになっていたから心と記憶の奥底がズキンとするのです。

マネージャーと今後の未来について打ち合わせしたあのカフェも。出演舞台のプロデューサーと共演者と3人でとっぷり話し込んだあのカフェも。和田雅成とお茶したあのカフェも。

もうそこには無いのである。

だから今日も、今日の下北沢を、ここ『Blue Monday』の窓から見下ろすのである。

ダブル

エッセイに書く内容は、一番最初に打ち合わせはさせてもらったけど基本的には自由で何について書いてもいいという言葉をいただいてはいるのですが、ここはやっぱり近年、思い入れのある作品についてを書いた方が筆は乗るし需要があるんじゃないかと思って書かせてもらうんですね。

ふと、『舞台』の話題が多いことに気が付きました。意図してそうしたわけじゃなくて気付いたらそうなっていたので、自分の想いはどうやら舞台過多なのでしょう。

舞台という世界のお陰でいま自分はここにいるって、揺るぎなく思ってる。言い方を変えれば『恩義』を感じている。相変わらず舞台が好きだし、『やっぱり俺はこの場所だ』って板の上で大の字になって天を仰いで『それ』を浴びるし、ちゃんとワクワクして上手くいかない時はモヤモヤ、時には嬉し涙、稀に悔し涙、するくらい大切な存在。でも、じゃあ。

舞台と心中はできるか。

一ミリたりとも後ろめたさはないのか。

誰のために何のためにか。

最期に何が残るのか。

なのにどうして総てを奪うのか。

世界一の俳優になれるか。

あーだこーだとやかましくて。

果たして舞台って演じるって俳優って、そんな大袈裟な話か。

ずーっと、背中にヒンヤリとしたナイフの切先を突きつけられたまま、歩き続けている、気がする。後退は許されない、ような雰囲気が蔓延《はびこ》っていて、参っちゃう。

舞台『ダブル』が動き出したのは正確には覚えてないのだけど相当早いタイミングで、本番は2023年でしたが2020年には企画が走り出していたような気がします。間違ってたらごめんなさい。その時は『鴨島友仁は玉置玲央、演出は中屋敷法仁で』くらいしか決まっておらず、その状態で『興味ありますか？』って聞かれたんだったかな。『興味しかないです』と答えました。

『ダブル』上演時の様々なインタビューでも答えました

が、元々原作の漫画は読んでいて、同業の漫画好きの間では『めちゃくちゃおもろい漫画あるの知ってる?』ってて。舞台化されるなら誰がやるかなぁなんて話も出たりして、その時は決まって『いや、友仁は俺だろ』って言ってました。ちょっと気持ち悪い話ではあるんですが、登場人物の一人『鴨島友仁』と自分を重ね過ぎて見ていて、なんなら俺をモデルに描いているんじゃないかと思ったくらい。俺がこのエッセイの何編かで書いている俳優としての感覚を、原作の野田彩子先生は絵と台詞で徹底的に描いてらっしゃって、初めて読んだ時に出た感想は『なんでこんなに分かるんだよ』だった。同業者にしか、もしかしたら同業者にすら分からない葛藤を友仁も抱えていて。

例えば『供給し続ける』ことについて。

例えば『見返りを求める』ことについて。

例えば『演劇で世界を構築する』ことについて。

まだ連載が終わってないので最終目的地は分からないですが、道中は間違いなく同じ道を辿っていると思ったんですよね。思っちゃったんです。だから、是非とも鴨島友仁は俺がやりたいと願っていました。

2015年の『ライチ☆光クラブ』で演じたタミヤ、2018年の『鉄コン筋クリート』で演じた沢田、2023年の『大奥 Season2』で演じた黒木、全部漫画原作なんですがどちらかと言えば憧れとか、もしやれたら嬉しいなぁって希望とか、やるとなったら徹底的に自分と重ねてみせるって覚悟で取り組んだ感じなんですが、鴨島友仁はただ自分としてそこにいれば良いというか、それで大丈夫だと思えたというか。ただそこにいるだけでそれが表現になる。というのが理想だと常々思っています。本来は持っている術を駆使して徹頭徹尾演じることで何かを表現すべきなんでしょうけど、動かなくても台詞を発さなくても、何かを努めて表現しなくてもそれだけでお客様が視ていられる状態を生み出せたら、心を動かせる状況を生み出せたら。

ただ舞台に立っているだけで誰かの人生を狂わすことができたなら。

その為には『演じない』ことがキーになるんですがこれが難しいわけです。だって俳優だし、演出はついているし台詞もあるし、共演者とのやり取りだって繰り広げられる。何より役に取り組んでいるので。でも『ダブル』

では、もしかしたらそれに近しいことができるかもしれないと思ってチャレンジしていました。友仁と俺の親和性を利用して、ただただ鴨島友仁として玉置玲央として舞台上に存在する。それだけをやる。達者な人はどんな役でもそれができるのでしょうけど俺はこういうチャンスがないとてもじゃないけど挑めなくて。完璧に上手くいったわけではないし反省点は山のようにあったんだけど、鴨島友仁のお陰で常々思っていたことを少し実践できた気がしたのでした。無防備な状態でいられる役。役というか俺。とは言え、どんな座組でもそんな振る舞いができるかといったらそうは甘くなくて。『ダブル』の座組の懐の深さとみんなの人柄のお陰もありますし、なんと言っても相棒の宝田多家良役を和田雅成が演じてくれたから、だからそこまで行けたんだと思います。

あの時俺たちは、間違いなく『二人で一人』だった。

それはもしかしたら原作とは少し違った様相の『二人で一人』だったかもしれないけど、マサが多家良で俺が友仁だったから辿り着けた一個の奇跡だと俺は思っていいます。和田雅成との邂逅、それはそれは大きな財産になりました。

『ダブル』、本当に申し訳ないんですが配信も終わっているしパッケージ化もされてないのです。だからこれを読んでもなんのこっちゃだと思うんですがどうかご容赦ください。良かったら野田彩子先生の原作漫画を読んでほしい。打ち震えること間違い無しだから。

マサとの対談ではもう少し二人のこと掘り下げて話しているると思うのでそちらもどうかお楽しみに。

いやー、取り留めもない文章になってきた。自分の中でもまだ上手く文章化できないほど煮えたぎっているんだと思います舞台『ダブル』って。未だに？って思うかもしれませんがまぁそういうこともありますよ。

奇跡みたいな舞台だったんだもの。

舞台と心中なんてしない。

後ろめたくっていい。

誰かのためにあなたのために。

最期に何も残らなくたって大丈夫。

なのにどうして総てを奪うのか。

俺に世界一は無理だ。

そう思えるくらい舞台という世界に『恩義』を感じているよ俺は。

ルーティン

劇場には大体、本番の3時間前に入る。これは他の俳優さんと比べるとかなり早い方だと思う。早ければ偉いとかそんなものは一切ないし、俺個人としては若手だから番手が低いから、先輩方より早く劇場に入ってなければいけないなんてことはないと思ってる。

これは感覚的な話でしかないのだけど、劇場と自分を馴染ませるのに時間がかかるタイプだと思っていて、いや、そんなタイプとかは本当はないんだけどね。でも劇場で過ごす時間を長くとるってのが自分にはとっても大事。あとは、真冬の夜の間に降り積もった雪を明け方、誰よりも先に踏み締めたいあの感覚。分かるかなぁ？分かんねぇだろうなぁ。

本番3時間前というのはすなわち、楽屋がオープンする時間だったりする。劇場にもよるのだけど、入ったら直ぐに楽屋に入れるかといったらそういうわけでもなく、管理の方に鍵を開けてもらったりする必要があるし掃除や諸準備が必要だったりして。つまり3時間前に劇場に入るのは敬遠されがち。なので、劇場や制作サイドに迷惑が掛からないよう事前に信頼関係を築いて相談した上で入らせてもらうようにしている、つもり。無理ですと言われれば無茶は言わない。とは言え、なにも我儘で言っているわけではなくて充分にアップがしたいからの3時間前なのです。

楽屋に入ったら着到板《ちゃくとうばん》をひっくり返しましょう。『着到板』というのは楽屋入口にある、赤と黒で表裏一体になった出演者それぞれの名前が書いてある名札のようなもので、これを見ればひと目でその人が劇場内に居るか居ないかが分かるもの。札が黒色で掛かっていたら到着しているし、赤色で掛かっていたら不在ということになる。これ、忘れがちなんで気を付けましょうね。はい。

荷物を置いてまずは着替え。

メガネを外してお気に入りの勝負スウェット、あればカンパニーTシャツやパーカー、冬ならウルトラライトダウン着てレッグウォーマー、そんで首にはネックウォーマーこれは夏でも必須。首及び喉を温めるの非常に大事。裏方時代の名残で楽屋ではできれば雪駄。コンタクトレンズぶち込んでひと段落。

大切なことを忘れていたけど、劇場近くのスターバックスコーヒーの有無を事前にチェックしといて行きがけに買って入る。ホットでもアイスでもスターバックスラテ一択。アイスの場合は氷少なめミルク多めで。

というわけで今、鏡前手元にはスターバックスラテ、ワイヤレスイヤホン、スマホ、煙草。これらをポケットに突っ込んで先ずは喫煙所へ直行。楽屋裏通りの道中で会えるスタッフの皆さんにおはようございますと声掛けながら喫煙所に到着からの一服。話せるタイミングの人とは昨日の本番の感想や世間話を存分に交えて。これ大事。

吸い終わったらロビーへゴー。

大体の劇場はロビーへ行く際に舞台袖を通る場合が多いので、お会いできれば劇場技術スタッフの皆さんにご挨拶。誰もいないロビーに着いたらアップを1時間。都内でも地方でも、一度行ったことのある劇場には大体お気に入りの場所があってそこにドカッと陣取って。ご機嫌な音楽をイヤホンから流して口遊《ずさ》みながら決まったストレッチメニューをこなしていく。昔はなにを何分、あれにこのくらい時間割いてーみたいに細かくストレッチの配分していたけど今はその日の気分に抗わず、本能の赴くままに。ラスト15分くらいは絶唱しながら上半身のストレッチと呼吸することをメインに仕上げ。ちなみに商業施設と一緒になっている劇場とかはこの絶唱で苦情が来たりして素直にごめんなさい。

アップが終わったら楽屋に戻って自由時間。

ボチボチ集まりだした共演者たちに挨拶、ちょっとお喋りして散歩に出たり舞台上をフラフラしたり。照明、音響部の皆さんにはこのタイミングでご挨拶。

小屋入り期間中は朝、昼ご飯は食べません。これまた感覚でしかないのですが身体が重くなる気がするのと脳が休もうとしちゃう気がして。お弁当などの差し入れがある場合はこの限りではなくありがたーく、いただきます。

40~50分の自由時間を過ごしているとあっという間に開演1時間前。

必要あらばヘアメイクなどを始めます。女性役をやる場合はメイクに時間がかかるためもう少し早めに支度を始めるかな。これは経験則で良い時間配分見つけるしかない。カツラやウィッグがある場合やヘアメイクさんがセットをしてくださる場合は時間が決められているのでそれまでに地塗りなどなど下準備をしておきます。

ある程度の支度が終わったら開場時間まで舞台上で過ごす。フラフラ歩き回ったり時には台詞の復唱をしたり共演者と台詞合わせたりしてその時を待つ。俺は時間ギリギリまで舞台上にいたいタイプ。そして最後に、演劇と劇場とこれから劇場内に訪れる未だ見ぬお客様と共演者とスタッフの皆さんと、もう一つおまけに演劇に、よろしくお願いします行ってきますと告げて楽屋にスタンバイ。去り際に大切なことをするんだけどこれは内緒。大切な大切な験担ぎをして。

では、後ほど。

楽屋に戻ったら最後の一服、からの歯を磨いて衣装に着替えてあとはお客様に出会うその瞬間を待つだけ。

これが、舞台本番に至るまでの大まかなルーティン。

若い頃から比べれば少しずつ変わっていった部分はあるけど、これをもう20年くらいやってる。よくインタビューなどで『決まったルーティンはありますか?』って聞かれるんですが『無いです』って答えてると思います。今書いてることとインタビューと真逆じゃん!って思うかもしれませんが、もうこれが当たり前過ぎてルーティンというよりなんか別のものなんですよね。全部ひっくるめて『仕事』というか。

この約3時間の過ごし方で、その日のパフォーマンスは変わってくるんだと思います。思いますっていうのは比較検証をしたことがないから自分でも分からないんですよね。ただ、少なくとも自分にはこんな過ごし方が心地良いってのだけは確か。そんなものもかなぐり捨てて剥き出しのありのまま、着の身着のままで本番に向かえたならカッコいいんでしょうけどね。

精進します。

精進しましょう。

裏方の日々 第三話

これで最後です。自分自身も執筆当時、忘れかけてましたよ続きを。

裏方時代のエピソードをいくつか紹介して終わりましょうか。特定されてしまうと困るのでところどころフェイクを入れさせてもらいますね。

今思えば何とも摩訶不思議な業界で、無茶無謀なことや良く言えば体育会系的なノリも多かったですが、自分にとっては結果、良い思い出だったりします。良い思い出だった、と自己肯定しないと押し潰されそうになるようなことといっぱいあったけどね正直。でもそれは自分の甘さや能力や経験の少なさ、研鑽の足りなさからくる部分も多々あって、もっと強く、もっと優秀な裏方で居られればそんなことを思わずに済んだのかもとも思うのです。ヨワヨワの今の自分にはもう耐えられない世界だと思うので、俺は現場に出ている全ての裏方さんを心の底から尊敬しています。本当にありがとうございます。

①バトンの練習

最近の劇場は大体、電動バトンといって舞台美術を吊るすための機構が電動化されていてスイッチ一つでそれをアップダウン、ストップさせることができる。劇場によっては飾る高さを記憶させることによってバトンを使った転換を更にオートメーション化することができるのです。逆にそれらを手動で行う劇場もまだ幾許《いくばく》かは残っていて、劇場の上手か下手にある『綱場《つなば》』と呼ばれる、バトンを操作するためのロープが床から天井に向かって無数に延びてる場所で、そのロープを人間が引くことで転換することもあります。

とある劇場は、劇場の高さがそんなに高くないのでその綱場の機構が少し特殊で、舞台面と同一の高さにあるのではなく中二階のような場所に設けられていて。舞台上が非常に見づらい中でバトンのアップダウンをしなければならないのです。本番中は舞台上に人がいる中でそれを行うので、タイミングやアップダウンの速度を間違えれば大事故に繋がります。これが何回やっても緊張するし怖いし難しいし奥が深いんですよね。前時代的と思うかもしれませんが人力で行うメリットは確実にあって、バトンの速度に人力ゆえの緩急をつけられたり、あとはバトンに吊るされた装置が舞台に下りる時、出演者さんがたまたま立ち位置を間違えたりしていてそのまま下ろすと事故に繋がりかねない状況でも、人力なら気付いた瞬間に直ぐにバトンを止めることができます。

バトン操作が上手い人は、『転換という芝居をしている』なんて言われていて、作品に対してそんな関わり方もあるのかと、視て技を盗んだものです。

劇場に入ってからの空き時間、各部署の許しを得た上で先輩に言われてこのバトンのアップダウンの練習を、それこそ千本ノックのごとくやったのが今でも忘れられない。

②時間と疲労との闘い

流石にそんな現場は今はもうないと思うし、その現場もきちんと対策をしてくださっていた現場だったので、これは完全に俺の落ち度だったのだけど。怪我や事故とは隣り合わせで、それらが起こらないために経験や技術や知識を身につけなければいけない世界なわけです。

海外から来たオペラの現場に仕込みで入った時。舞台美術も全て海外からの持ち込みだったため海路でコンテナ数十台で運ばれてくるのだけど、搬入しても搬入しても一向に終わらない。その現場は、確か24時間を4チームに分けて6時間交代制で一日中搬入していたのだけどそれでも3、4日掛かっていたと思う。搬入中から仕込みも並行して始まったのだけど、舞台美術家さんは海外の方で言葉が通じないし通訳さんは3人くらいしかいないし、それに対して日本人の仕込みスタッフは数十人居て指示も行き届かないカオスの状況でした。

余談ですが。数十人が4交代制だったので、仕込みに出入りしていたのは１００人を超えていたと思います。音楽ライブとかの仕込みになるとそれくらいの規模はザラですが、オペラでこんな規模は自分は初めてでした。

さて、コンテナからホール内に運び込まれる部材も、うちらが見たところでどこに置かれてどういう形になるのか分からないようなものばかりで、作業は進まないのに時間だけがどんどん過ぎていく。翌日になって自分の時間にまた劇場に行くのだけど、昨日と何にも変わってないじゃん！みたいな感じで。そうなると全体に疲労の色が見えてくるのです。それでも確実に安全な仕込みをしないと舞台全体の安全性に関わってくるので、細心の注意を払って仕込んでいました。

身体はボロボロだけど頭はギンギンに冴えてるというい極限状態の中、丘を模した舞台美術の中に潜り込んで暗い中で根釘（ねくぎ。装置を舞台面に固定するために床に対して釘を打つこと）を打っていた時、思いっきりナグリ（簡単にいうと舞台の世界での金槌）で指を打ち抜き血が噴き出して貧血で倒れるという大失態を犯しました。これは完全に自分の落ち度。だけど今だから言う。

絶対スケジュールと進行に無茶があった。

その節は本当にすみませんでした。

③時代
舞台、バレエ、オペラ、音楽ライブ、ここでは書けないような現場ｅｔｃ…本当に色んな現場に携わらせていただきました。その中でも特に印象深かった現場の話で終わりましょう。

まだ駆け出しだった自分は右も左も分からんまま、とある演歌歌手の方のツアーに一ヶ月だったかな？つかせていただく機会がありました。今現在がどうか分かりませんが、独自のルールが多い世界で、当時は演劇現場の裏につくことが多かったので結構面喰らうことが多かったです。

朝、コンサートが開催されるホールにバスで着いてそのまま直ぐに仕込み、本番中は多少の転換があり夕方頃にはコンサート終了、そのままバラして夜は自由時間。泊まりの場合がほとんどだったけど翌日のスケジュール次第ではその日の深夜に再びバスで移動して次の土地に向かい翌朝ホールに到着、仕込みみたいなこともありました。一ヶ月間、家に帰らず地方に行きっぱなしという経験も初めてだったし演歌の現場も初めてだったし、とにかく初めて尽くしのことが山盛りで。元来、その日暮らしが性分の自分はあまり気にも留めてなかったのだけど、そういやこの一ヶ月間の生活費どうしようなんて思いもしましたが、まぁ昼の弁当は出るし宿は手配していただいてるしなんとかなるだろうと思っていたものです。人を一ヶ月拘束するってのはなかなかなことなんだなと、その後直ぐに痛感します。

ツアー初日の仕込みが終わりスタッフ楽屋で休んでいると先輩から舞台袖に来るように言われました。なんかやらかしたか、説教かとドキドキして行ってみると、袖中に全部署のスタッフさんが集まっています。これは何か重大なことが起きてると察して大人しく待っていると、ツアーの主役、演歌歌手の方が袖中にやってきました。リハーサルまでまだ時間はあるしこんな早い時間にどうして、なんて思っているとその方が一人一人名前を呼んで順番に封筒を渡していくのです。当然俺も呼ばれます。『今日からよろしくお願いします』とお声掛けくださって全員に封筒を渡し、颯爽とその方は舞台袖から去っていくのでした。キョトンですよ。

楽屋に戻って封筒の中を見ると、この一ヶ月間の給料が取っ払いで入っていて。まだ20代前半の小僧にはビックリする額が初日に渡されるのです。後で聞いた話、これはその方のツアーでは、だったのか記憶が曖昧ですが伝統的に行われている儀式のようなもので、この一ヶ月よろしくお願いしますという意味と、これで一ヶ月の生活賄ってくださいねの意味があって、それをご本人の手から自分みたいな末端のスタッフにまで手渡しで渡すというのが恒例だったようなのです。

粋ですよねぇ。そして何より、ハッキリ言いますが助かりましたよねお財布が。

重ねて言いますが今がどうかは分かりません。当時の時代とその方のスタイルと業界の波のようなものが合わさって成し得ていた世界だと思います。

裏方の話、こんなに長くなるとは思ってもみなかった。まだまだ語り足りないけれどそれだけで一冊の本になっちゃうかもだからこの辺で。

最後に。

裏方を経験しといて本当に良かったなと思う。舞台にしても映像にしても、そこにどれだけの方が携わっていて、どんな思いで現場にいて、どれだけの労力が割かれているのかを知ることができたから。そんなことは気にしなくていいんだろうけど、俺は俳優としてそれらをきちんと踏まえて板の上に立つのが、カメラの前に立つのが好きなんです。だってみんなで作ってるんだもん作品。

良かったら皆さんも、少しだけスタッフワークを気にしながら作品視てみるとまた違った楽しみ方ができるかもしれませんよ。

SPECIAL CROSSTALK_003

MASANARI WADA

玉置玲央×和田雅成

共演が生んだ相思相愛の関係
俳優としての生き方に迫る

こんなに感覚が合う人って、これまでいなかった

玉置 この本では、昔から憧れていて「この人とおしゃべりしてみたい」と思っていた人、昔から俺のことを知っている同期的な人、仲の良い俳優、という3人と対談しようと思っていて。仲良い人としてマサにお願いしました。

和田 嬉しい！ よろしくお願いします。

玉置 俺、正直、仲良い人ってあんまりいなくて。角が立つ言い方になっちゃうんだけど、浅く広く交友関係を広げるのが好きだし、得意なの。でもマサと舞台『ダブル』で共演した時、人間としても俳優としても……平たく言えば馬が合った。こんなに感覚が合う人って、これまでいなかった。

和田 僕もです。

玉置 プライベートで誰かと食事に行くこともめったになくて。それこそ劇団員とか、付き合いが20年近くになる人とやっと行くくらい。そこに急激に和田雅成がワッと入ってきた。

和田 もう何度も食事にも行かせてもらってますも

んね。本当に嬉しいです。

玉置 初めて会ったのはルノアールだよね。『ダブル』のプロデューサーが、本来キャストが初めて会うビジュアル撮影の前に、二人は直接会っておいた方がいいんじゃないかと考えてくれて。その時は挨拶して連絡先を交換しただけだったんだけど、その後二人で下北沢に。

和田 そうそう。「二人の時間が欲しいですよね」という話になって、ビジュアル撮影の日に、『ダブル』原作で宝田多家良（舞台では和田が演じた）と鴨島友仁（舞台では玉置が演じた）が出会う場所でもあるシアター711の前で待ち合わせて、中華料理を食べて、カフェに行って、その後二人で一緒にビジュアル撮影に行くっていう。

玉置 俺の人生の中で、誰かとそんな距離の詰め方をする経験ってあんまりなかったから新鮮だったけど、「こういうことがあってもいいんだな」って思えた。安心できたし、信頼できて……それが今回の対談に繋がっているんだけど。

和田 僕もそうです。玲央くんとの共演が、僕の中ではものすごく大きかったので、いろんなところで『ダブル』の話をめちゃくちゃしています。

玉置 本当!? でも俺も。不思議だったのが、稽古をしていても本番をやっていても、マサに対して不安もなければ不満もないし、「余計なことすんなよ」みたいな心配も、何一つなかったんだよね。「こうなるんだろうな、面白そうだな」っていう想像の積み重ねしか起こらない関係性だった。それがすごくノンストレスだったし、あんな経験ってなかなかできないなって、終わってから2年近く経った今でも思うし、それはやっぱり誰とでもできるわけじゃない。

和田 玲央くんには言ったことがあるけど、共演する前、僕は玲央くんってもっと変な人だと思っていたんです。芝居のうまさでトップにいる方で、もっととっつきにくい人なのかなって。僕は「いわゆる2.5次元舞台のやつ」みたいに思われているだろうし、全く僕のことを受け入れてくれないかもしれないと思っていた。でも実際はものすごく心が広くて、寛容で、目を見て心でぶつかってくれて。だから正直、『ダブル』の時は玲央くんに甘えていたと思う。

玉置 いやいや!

和田 『ダブル』のラストが、多家良と友仁の2人にとって大事なシーンだったんですよね。二人ともいっぱいしゃべって……物理的なことで言えばキスシーンもあって、という。でも僕は『ダブル』の稽古が始まった時、別の作品をやっていて、稽古には途中から参加した。そしたら玲央くんは、そのシーンの稽古をやらずに置いておいてくれた。そのことにも感激したし、実際そのシーンの稽古が始まったら、玲央くんが「マサ、俺は遠慮なく行く人だけどいい？」って言ってくれて。

玉置 気持ち悪いね（笑）。

和田 いや！ そこってすごくナイーブじゃないですか。だから言ってくれて助かりましたし、「玲央くんは僕なんかにも全力でぶつかってくれるんだ」と思って。その時に、ああ、受け入れてくれる人なんだなって感じたんです。

玉置 そうだったんだ。まず、稽古をやらないでおいたのはフェアじゃないのが嫌だったから。もちろん代役の方はちゃんと準備をしてくれていたと思うんだけど、あのシーンは俺とマサのシーンだから。マサは忙しいからほとんどの作品が途中参加なんだろうけど、それでもやっぱり途中参加って不安じゃん。セリフ量もなかなか多いし。だからこっちだけ先に出来上がっているのもやりづらいだろうし、「稽古でこう決まったから、その通りにやってね」って言うのも絶対に違う。だったら、ヨーイドンで一緒にラストシーンを作り上げていった方が面白いものができるだろうし、フェアだろうなって思って。あのシーンに関してもさ、本当は「遠慮なく行くけどいい？」なんて言わなくてもいいんだよね。俺ら二人ともプロだから、そんな宣言しなくてもやれるじゃん。

和田 うん。

玉置 でも出会った時のフィーリングで「この人は信頼できるな」って思ったから、だからこそ、きちんと言葉で伝えて、マサ本人にはもちろん、座組にもちゃんと提示した方が、お互いの関係性も作品も良くなるだろうなって思った。でもそう思わせてくれたのは、やっぱりマサという俳優や、『ダブル』という作品、友仁という役との出会いがあったから。そういういろんなことが噛み合った感じがあったよね、『ダブル』には。

和田 そうですね。あと僕は、玲央くんのお芝居もすごく衝撃的だった。稽古場でのお芝居もですが、本番で、この距離で会話しているのと全く同じテンションを、紀伊國屋ホールという400〜500人キャパの会場で一番後ろの人にまで届けられるのがすごいなって。僕は、この距離感での芝居を見せるときは、〝この人たちを覗いているように〟という感覚のときもあれば、〝後ろの人にも届けたい〟という思いでやることもあるんですけど、玲央くんは、これをそのまま届けられる。それにものすごく衝撃を受けました。玲央くんのお芝居を見てからは、他の作品でもそれを意識するようになりました。どういうことをして、どこまで意識すれば、あれができるんだろうって、めちゃくちゃ考えるようになりました。

玉置 それはマサにとって良いこと？

和田 もちろん良いことです。〝これが、お客様が玉置玲央という役者を求める理由なんだ〟って思いました。

玉置 本当に思ってる？（笑）

和田 思っていますよ！『朝日のような夕日をつれて2024』も観に行かせてもらいましたけど、そこでも改めて「僕は玉置玲央という役者が好きなんだな」と思いました。舞台上で生まれているものや舞台上で対峙《たいじ》している相手を大事にしつつも、それをちゃんとこっち（観客）に届けてくれるんだなって。いや〜、すごかったな。すごすぎて、終演後に挨拶させていただいたんですけど、感想言えなかったですもんね。「これはちゃんと持って帰って、自分で噛み砕きます」って言って帰ってきた。

玉置 ありがとうね。

和田 いやいや、こちらこそありがとうございました。

〝和田雅成〟が剥き出しなところが良い

玉置 マサの良いところって、剥き出しなところだと思っていて。〝和田雅成〟が剥き出しなところ。

和田 あはは（笑）。

玉置 俳優さんっていろんなタイプがいて。なるべく己を殺して俳優業をやられている方もいるし、俺みたいなタイプも多分いるし。その中でマサは疑問とか違和感も隠さずに伝えてくれる。その飾らなさが俺は信用できるなと思った。『ダブル』でも、「ここたぶん違和感あるんだな」ってわかることが何度もあって。人によっては、そこに目をつぶって進めることもできるし、言ってしまえば本人が勝手に解決することもできるだし。でもマサはそういうことを気にせずに、一緒に解決させてくれるというか……気にせずにいさせてくれる存在だなって。そこもすごく魅力的だと思ったな。

和田 僕は僕で、『ダブル』はいつもの自分じゃなかったというか。いつものお芝居をする自分のマインドじゃなかったんです。

玉置 多分そうなんだろうなって思っていた。そのへん、ちょっと詳しく聞きたい。何が違ったの？

和田 友仁が玲央くんだったということと、『ダブル』という作品だったからだと思います。こんなに嘘つかずに、飾らずにぶつかってくれる人はいない。今おっしゃったように、わからないことを「わからない」と言わずにも進められるじゃないですか、プロだし、セリフを喋ればそれっぽく見えるから。でもそんなお芝居では、この作品をやりたくなかったんです。もちろん全ての作品でそう思っていますけど、玲央くんが嘘をつかずにぶつかってくれて、受け入れてくれようとしている中で、自分が嘘をついている場合じゃないと思った。なんか玲央くんと『ダブル』という作品の前では丸裸にならないといけなかったんですよね。

玉置 うんうん。

和田 だから『ダブル』を終えてからもしばらく戻ってこられなくて。千秋楽の最後の二人のシーンで、僕がびっくりするくらい号泣してしまったじゃないですか。良いか悪いかは別にして、役と自分がリンクする瞬間って本当にあるんだって思いました。

玉置 あれ、わけわからなかったよね。

和田 わけわからなかったです。あの、何も嘘がない時間は、本当は舞台で見せない方がいいものだったのかもしれない。でもそういうことを取っ払って、自分の中で起きていることに嘘つかずにいる状態を、玲央くんは見守ってくれていて。ああいうことは、他の舞

台では起きないことでしたね。

玉置　あれは、お客様によっては「こいつら、キツ！」「寒！」ってなるやつじゃん。だけど、そこを気にしなくてよかったのが、『ダブル』だったし、和田雅成だったんだよね。お客様も、きっとどうなっても受け入れてくださると思ったし、もちろんマサも受け入れてくれると思ったし、座組も受け入れてくれると思った。「しょうがないじゃん」と前向きな諦め状態というか。たぶん〝演劇トランス状態〟だったんだよね。

和田　本当にそんな感じでしたね。正解・不正解は置いておいて、そういう状態だった。

玉置　なかなかないことだよね。特に俺は、柿ではものすごくコントロールされて、バキバキに演出を固められているからあんなことありえないし、マサも普段のフィールドではないことだと思う。だけどさ、あれは良かったよね。

和田　うん。あの状態に毎回なれるわけでもないし、何度も言いますけど、あれが正解かどうかはわからないということは肝に銘じています。だけどあの経験がある、ということは未来の自分に確実に活きると思う。本当にすごい時間だったなと思います。もっと稽古期間が長かったら出せなかったものだったような気もするし。

玉置　あの、きゅっとした稽古だったから良かったんだよね。

和田　はい。ただ、もっと長く玉置玲央という役者と稽古をやってみたいなという思いもあります。玲央くんとやればやるほど、自分に入ってくるものは増えるというのは確信しているので。

玉置　そうだね。また一緒にやりたいね。

自分の演劇人生を変えた作品

玉置　これまで観たお芝居もしくは出たお芝居で、すごく思い出に残っているものってある？　「これで自分の演劇人生が変わった」とか「これで方向性決まった」と思うようなもの。

和田　出たもので言うと、『ダブル』とミュージカル『薄桜鬼 志譚』（2018年）。この二つは、人気が出たとかそういうことを抜きにして、自分の想いが溢れたという意味で、自分の人生を変えた作品ですね。

玉置　ほお！

和田　『ダブル』はここまでの話でわかると思うの

で、『薄桜鬼』の話をしますね。『薄桜鬼 志譚』では土方歳三を演じたんですけど、その土方歳三という役との出会いもそうだし、仲間との出会いもそう。だけど一番大きかったのが……これも気持ち悪いと思われるかもしれないんですけど、千秋楽で、1幕でボロボロになってしまって2幕に出られないという状態まで行ってしまったんです。本当は予想しちゃいけないですけど、僕は2幕で何が起こるか知っているじゃないですか。今から周りの隊士が死ぬとか、自分の体が限界を迎えるとかを知っているから、そこに行ったら自分が壊れちゃう気がして、どうしても立てなかった。なんですけど、2幕が始まる時のお客様の拍手を聞いてすっと立ち上がれたんです。僕は他の役者がこれを言っていたら気持ち悪いって思うと思うんです。でも本当にその状態になったんですよ。

玉置 それは何が力になったの？　お客様の拍手？

和田 いや、わかんないです。わかんないんですけど、何かがあって、行かなきゃいけなかったんでしょうね。当たり前ですけど。そういう、自分のなかで何が起きたかわからない、みたいなことが起こったのが『薄桜鬼』と『ダブル』です。玲央くんは、そういう大きな影響を受けた作品ってあるんですか？

玉置 俺も『ダブル』は大きいな。『ダブル』には、「俺はこのやり方でいいんだ」って後押しをしてもらえた気がして。その後の作品でもそのままを実践しているし、今後の舞台での方向性が『ダブル』で決まったといってもいいくらい。

和田 へぇ！

玉置 もう一つは2009年にやった『リビング』という作品。それは原案と演出も自分でやったの。自分で一から作品を作ったから思い入れが強いのは当たり前なんだけど、それも自分の中では思い出に残っている作品かな。

和田 脚本・演出も自分でやると、そのあと役者として舞台に立つときに変化が出るものですか？

玉置 俺は変わった。といっても、「リビング」を作ったのは24、25くらいの時だから、今同じようなことをやったらどうなるのかはわからないけど、振り返って考えてみると、変わったような気がする。今は出演者としての思い入れも強いし、ありがたいことに物理的にも精神的にもできることが増えたから、今やっても同じ感動は味わえないだろうけど。観劇した作品で思い出深い作品はある？

和田　初めて演劇というものを観たのは、ある学生演劇だったんです。知り合いが専門学校の先生をやっていて、その学校の演劇を最前列で観ました。その作品で、エグいくらい感動したんですよ。作品自体が僕の好みだったというのもあると思うんですけど。最初、自分が演劇をやるかもしれないと思った時には、正直「演劇ってなんかダサい」とか「カッコつけてて小っ恥ずかしい」みたいに思っていたんです。だけど、その作品を観てその考えが一切なくなりました。そもそもはじめは何も知らなかったから、俳優といったらドラマと映画しか知らなかった。だから「舞台ってカッコいいんだ」「素晴らしいんだ」というのをその時に初めて知りました。

玉置　へぇ。

和田　あと、2.5次元の舞台に出る前に、「2.5次元舞台ってどういうものなんだろう」と思って観た作品が舞台『弱虫ペダル』。それもまた、見る前は「2.5次元舞台って、キャラクターの扮装をして、アニメのモノマネしてるだけでしょ」と思っていたんです。でもまた実際に観て考えが変わりました。「こんなに素晴らしいんだ！」って。この二つは、舞台や2.5次元舞台を舐めないきっかけになったので大きいですね。

俳優って、見てもらわないと意味がない

玉置　今、2.5次元舞台の話が出たけど、マサって何でもやるじゃない？　2.5次元もストレートもミュージカルも、ドラマも映画も。その中で、得意・不得意とか、好き・嫌いみたいなものはあるの？　それとも関係なくやってる？

和田　僕はあんまり関係ないですね。

玉置　やれるものは全部やりたい？

和田　僕は「好きなこと」と「売れるために何をするか」の２軸なんです。最初2.5次元舞台を何でやろうと思ったのかって、人気をつけるためで。

玉置　そういう話聞きたかった！

和田　僕は俳優って、見てもらわないと意味がない職業だと思っているんです。で、僕が芝居を始めて少し経ったくらいに2.5次元舞台の波が来ていたので、「まずはお客様に見てもらわないと」と思って2.5次元舞台に出始めたんです。でも実力をつけるためには、それだけじゃダメだと思ったから、ストレート舞台にも出たし、あとは変な話ですけど、関係者

の方には2.5次元舞台に対して穿《うが》った見方をする人もいるので、関係者に「今の自分の腕はこれくらいです」って提示するにはストレート作品に出ることも必要だと思った。そういう意味では3軸ですかね。「人気をつけられるもの」か、「自分の腕を磨けるもの」か、「関係者に見てもらえるもの」。そのどれかにハマるものの中から、自分に今必要だなと思うことをやっている感じです。

玉置 じゃあ、ちょっと言い方悪いかもしれないけど、ある種打算的に選んでいるんだ。摂取するべきものを摂取して進んでいくというか。

和田 そうですね。それが結果的にうまくいっているかはわからないですけど、自分的にはそのときに必要なものをやれている感じはありますね。

玉置 だったら嗅覚とバランス感覚がめちゃくちゃいいんだと思う。

和田 どうなんですかね。でも「売れてねえよな」って思っていますよ。

玉置 そう!?!?（大声で）

和田 声、デカ！（笑）自分が俳優を始めたのって、ミーハーな理由なんです。「ＲＯＯＫＩＥＳ」（２００８年）「クローズＺＥＲＯ」（２００７年）といったドラマや映画を見て、「自分もあんなふうになりたい」みたいな考えだった。だから自分が夢見ていた自分になりたいというのは、いまだに思っていて。ちゃんと実力をつけた上で、〝芸能人〟になりたいんです。そこに行かないと自分で納得ができない。だからいまだに「どうやったら売れるんだろう」というのはめっちゃ考えていますね。

玉置 なるほどね。

和田 玲央くんってもちろん人気もあるし、僕が言うのも失礼なくらい、実力もあるじゃないですか。これからどうしていこうと思っているんですか？

玉置 でもそこはマサと似ているかも。自分は一番好きなことが舞台で。その一番好きなことをやるためにはまず売れないことにはどうにもならんって思ってる。事務所に入った時、事務所の人に「年に1回大きな舞台に立てば、その3~4ヶ月は拘束されるけど、残りの8カ月は好きなこととして生きていける」って言われたの。その8ヶ月は、何もしないで過ごしてもいいし、自分の劇団を立ち上げてそこで活動してもいいし、柿に出てもいいと。

和田 なるほど。

玉置 その考えが、いまだになんとなく頭の片隅にあって。売れれば選択肢が増えるんだなって思った。話しながら思い出したんだけど、ある時、俺があるベテラン俳優にコテンパンに怒られたことがあって。その場に居合わせていた別の俳優さんが、その後「あの人はあれだけ説教垂れていたけど、俺は自分がこの座組の中で一番客を呼んでいるって思ってやっているから、何を言われても耐えられる。それが自分の誇りだ」という話をしてくれて。俺は当時、その価値観がなかったから「すごい」と思った。当時は、面白い芝居ができる人が一番偉いと思っていたんだけど、興行を成り立たせる人、それこそ圧倒的な人気があるとか、そういうことがその人の正義になって、それは選択肢が増えていくことに繋がるんだなって思った。だから俺も売れなきゃって改めて思ったし。売れればもっと自由になれるんだって。でも同時に、当時は実力もなかったから悔しくもあって。そう考えると『朝日のような夕日をつれて2024』はどっちも達成できた気がするな。

和田 すごいです。

玉置 マサは今後どうなっていくの？

和田 わかんないですね。自分の中で32歳をターニングポイントに置いていて、32歳で売れてなかった

ら俳優を辞めるだろうなって思っていたんです。その「売れる」はテレビに出たりするっていう、さっき話したような売れ方です。今年33歳になって、結局そういう風には売れていない。でも「この仕事が好きだな」って思ったんですよ。結局、僕は好きな限り、続けちゃうんだなって思いました。続けなきゃ売れないわけですし。だから、これからもこの仕事が好きであり続けたいなとは思いますね。

玉置 芝居を嫌いになりそうになったり、「続けられないかも」と思ったりしたことってあるの？

和田 あります。5年前くらいに一度だけ。僕は売れたいと思う理由が、家族に売れている姿を見せたいからなんですが、SNSで炎上した時に、誹謗中傷が書かれたんです。その時に「これを家族が見たら傷つくだろうな」と思って、「これはやっちゃいけない仕事なのかも」って思った。結局いろいろな出会いがあって立ち直れましたけど。玲央くんは辞めようと思ったことはあるんですか？

玉置 俺ね、しょっちゅう思ってる。

和田 そうなんですか!? 何でなんですか？

玉置 何でなんだろう。でも二律背反というか、両方あった方が自分は居心地が良くて。20代までは、とにかく芝居を好きでい続ければ、演劇の神様も自分のことを愛してくれて、一生続けられると思っていたんだけど。明確なのはコロナ禍かな。結婚したことも影響していると思うんだけど、コロナ禍で、自分の生活を最優先にしてもいいのかもしれないって思えちゃったんだよね。もちろん今も演劇は好きだし愛しているけど、同時に、それだけじゃない。いつでも執着なく離れられると思えるくらいの感覚でいた方が一生懸命やれるかなと思ったの。ぎゅーってやってたらぶっ壊れちゃう。視野も広くなるし。そうやってお互いこれからも続けていきたいね。

和田 そうですね。

玉置 今日、話したいことがいっぱいあったんだけど……全然時間が足りなかった！

和田 本当に足りない！　また近いうちに飯行きましょう。

玉置 そうだね。続きはごはんで！（笑）

和田雅成 わだ・まさなり

俳優。1991年生まれ、大阪府出身。主な出演作に、舞台『刀剣乱舞』シリーズ、ドラマ「あいつが上手で下手が僕で」シリーズ（日本テレビ）主演ドラマ「神様のサイコロ」（BS日テレ）など。2024年9月にはアーティストデビューも果たした。2023年に同名人気漫画を舞台化した『ダブル』で玉置玲央とW主演を務めた。

江古田駅にて

土地柄、大きな大学があるため恐らくそこの生徒であろう子たちの乗り降りが多いこの駅は、商店街に直結していて夜遅くでも俄かに賑《にわ》わっていた。

一際、大声を放つテンション高い集団がいたので目をやると、顔に幼さは残るが恰幅良く、坊主頭のどうやら体育会系の学生さんであろう集団であった。

柔道だろうか、空手だろうか子細は分からないが何が彼らのテンションをそこまで上げているのかと手元を見れば、千葉にある夢と魔法の王国のお土産袋を大量に持っているではないか。

寮に帰るのであろう。束の間の娯楽。

厳しい練習、恐らくは根強く残る縦社会、恰幅の良さと坊主頭。

それとは裏腹の夢と魔法の王国の色とりどりの袋と若々しい声。

すれ違い見送り、その情景を産むこの街こそが夢と魔法の王国だと思った。

オリンパスとセイコーオートマチック、指輪、そして裁ち鋏

受け継ぐ、ということが好き。

物でも事象でも言葉でも何でも、その向こうにそれを継いでくれた人間の想いが見えればそれだけでグッと来ちゃう。その想いを大切にしようと思うし、僭越ながら自分がそれをまた次に継がせてもらいますって思って頑張れる。その人の日常や想いを自分と共に過ごさせて引き続き一緒に歩んでいきましょうなんて、お節介なこと考えて大切に大切に紡いでいっちゃう。

ファンの皆さんからいただくお手紙だってそういうことですよ。かねてからSNSで言ってますけど、『手紙を書く』って相当な労力だと思いますもん。お店に出向いて便箋選んで、悩んで悩んで変じゃないかな引かれないかなとかぐるぐるして、いざ書くとなったら何書いていいんだ、何が言いたいんだ自分ってなるでしょ？　本当に届くのかな？　読んでもらえるだろうか？　ってかそもそも迷惑じゃないかなとかアレコレ考えた挙句、ええいままよ！って書いて。手書きで書いたりしてさ、自分の字の汚さに絶望して。自分がそうだもん。自分が手紙書く時こんな感じ。一通の手紙にこれだけの物語があって、想いがあって、これをただ『ファンレター』で片付けるのは寂しいじゃん。いや、想像でしかないけどね物語も想いも。でもそう思ってお手紙受け取って読んだ方が何百何千何万倍も嬉しいしその分頑張れる。それを活力にしてまた出会うために次の現場に向かうのですよ。これだって受け継ぐってことだよ俺にとっては。何度でも言います。お手紙、いつもありがとうございます。

お芝居だってそう。作家の想いを、演出家の想いを、監督の想いを、やり取りの果ての共演者の想いを、受け継いでいる。継いだ先にはお客様、視聴者の皆さんが待っている。

それから、先人たちや先輩たちの技術や知識、そして愛情も受け継いでいる。頂いた言葉が全て糧になってる。今の自分を形づくっている。そこに感謝しないでホイホ

イ過ごすのは、別にいいけどちょっと勿体無い気がします。ちょっとの恩義を莫大な感謝に膨らませて次へ次へと送っていけば、いつか必ずいいことがあるって信じてる。受け継ぐってのは俺の中ではそういうことなんです。

劇作家の井上ひさし先生の言葉で好きなのが、

『恩は受けた相手に返すのではなく、次の人、次の世代に送りなさい。恩返しではなく恩送りをしていけば未来はきっと明るい』

というもの。俺も又聞きなので自分なりの解釈がちょっと入っちゃってますけど、でもこれも受け継ぐということじゃないか。この『恩送り』という行為もだし、この言葉をここに書くということも。

今でもあるのか分からないけど。

お母さんが着たウェディングドレスを自分の結婚式でも着たい。親父が使っていた腕時計を直して使いたい。なんなんだろうね親から受け継ぎたいと思うコレ。いつか必ず来る別れを知らず知らずに惜しんでるのかな。いつまでも共にいてください見守っていてくださいって祈りだと思うんだよね俺は。

祈りってのはすなわち愛ですよ。受け継ぐということは愛だと思う。

だから、受け継ぐということが好きなんです。

だから、親から受け継いでる苗字と、親がつけてくれた名前を大切にしてるんです。

皆さんは何か受け継いでいるものはありますか?

このこと

あなたが個であること
わたしが個であること
尊重されて然るべきこと

誰かと出会って邂逅して
共に育って影響して
切磋琢磨の永遠と
その右斜め上辺りにある
どこまでいっても個であるという事実
全身全霊の発信も薄氷の上を滑る
何の手応えも踏み込む力も得られず
ガラガラと音を立てて割れる
そんなもんかと絶望して
頭と心の片隅で
届かなければそれでいいや
嘯《うそぶ》いている

だってわたしは個だから
だってあなたは個だから
尊重される揺るぎない諦め

人は尊いから泣く
人が場所が想いが
余りに尊いから泣く
うわんうわんと
こんな世の中に生を受けて
それを嘆いて泣く
でもそれ以前にきっと
尊さに打ち拉《ひし》がれていて
うわんうわんと
サイレンが鳴っている

この世の全ては圧倒的な悪意に満ちていて
この世の全ては圧倒的な優しさに飢えていて
この世の全ては圧倒的な日常を営んでいて
この世の全ては
この世は

そう思わなければ
とてもじゃないが乗り越えられない
ありとあらゆる悲喜交々を
この世は今日も紡いでいる

赤坂駅にて

街歩く人黒い。

空、スーツ、アスファルトの色同化して陰鬱。

そこに差し込む色とりどり髪の色観光客キラッキラ。

加えて国道246号線は銀杏でまっきっき。

浮き足立つ季節がもうすぐそこまで来ていて、それ特有の飾り付け、ネオン、飲食店の活気ギラッギラ。

決して大きくないこの街にも、思い出はパンッパンに詰まっていて。

柿落《こけら》としのあの劇場。

仲間と駄弁《だべ》った喫茶店。

撮影終わりの油そば。

本番終わりの1ポンドステーキペロリたいらげ。

今は無き地下広場での外飲み。

舞台監督デビューの理不尽と悔しさの涙。

この街にも思い出が詰まっていることに安堵してテレビ局に向かう。

あん時の俺よ、おまえ今、ここにいるぞ。

嫌いにならないで

ありがたいことにNHKの大河ドラマに出演させていただいたのは3度目で、1度目は2016年の『真田丸』で織田信忠役を、2度目は2020年の『麒麟がくる』で鉄砲鍛冶の伊平次役を、そして3度目、2024年の『光る君へ』で藤原道兼役を演じさせていただきました。

最初に『光る君へ』の第一回の台本読んだ時は、『あ、これ嫌われるな』ってのが率直な感想でした。

今までの大河ドラマでも類を見ない第一回での凶行と、その先の家族、兄弟に対する振る舞いとでそりゃしょうがないなと。嫌われるのは好きというか慣れているので全然悲観的にならず、だったら、この流れが物語に大きな意味を成すのだろうしそのために徹底的に嫌われようなんて思っていました。その一方で何より懸念していたのは自分のせいで視聴を辞めてしまう人がいるんじゃないかということ。視聴者の皆さんが、1話目からこんな形での残酷描写があるなら、藤原道兼がこう描かれるなら、今年の大河は視なくていいかってなってしまわないかが心配でした。脚本の大石静先生も、プロデューサーの内田ゆきさんも演出チーフの中島由貴さんも、もちろん何かを貶める意図があって脚本や作品を作っているわけではないし、その先の展開を全てとは言わずとも見越しているだろうから大丈夫と思ってGOしているのですが。となると自分のお芝居や振る舞いで視てもらえなくなる可能性があるわけでそうなったら悲しいなぁと思っていたものです。

結果として第1話で視聴を断念された方はたくさんいらっしゃったのでしょうけど、ある意味前向きに、ここから挽回していけばいいかと思えたので逆に気合いが入りましたね。そう思えたのは主演の吉高由里子さんの存在が大きかったです。自分が第何回まで出演してどれくらい吉高さん演じるまひろと絡むかはその時はまだ分からなかったけど、初回放送後に吉高さんがSNSに書いた言葉が本当に心強くて。このドラマはこの人についていけば大丈夫、一年間突き進むことができると思わせてくれたんですよね。ちなみに俺、2008年の大河ドラマ『篤姫』以外、吉高さんが出ているNHK作品全部共演してて本人からは『NHKの吉高由里子係』と言われています。それがちょっと誇りだったりする。

第1回を終えて一番驚いたのは思ったより『怖い』という反響が多かったことです。

様々な媒体で取材していただいてその時も『普段から道兼みたいにもっと怖い人かと思ってました』ってお声をよくいただいたんですが、声を大にして言いたい。

普段からあんな奴だったとしたら碌《ろく》な日常生活おくれません！

でもそれだけ役の印象が強烈だったということなんでしょうね。本当にありがたいことです。

『光る君へ』の撮影期間は、自分の場合2023年5月にクランクインして第18回の出演シーンまでだったので2024年1月にクランクアップでした。全体の約3分の1しか出ていない自分で7ヶ月の撮影期間ですから、第1回から最終回まで出演されていた方々は本当に凄いですよ。流石に連日撮影があるわけではなくて、撮影シーンの関係上次の撮影日まで一ヶ月近く空いたりすることもあるんですが、それでもこんなに長く一本の作品に携わるのは大河ドラマならではなんじゃないですかね。そしてそうなると他の現場と時期が被ってくることは避けられず、スケジュールを縫うことになります。『光る君へ』撮影期間中はNHK総合ドラマ10『大奥Season2』とNHK総合『激突!合戦将棋』の撮影が被っていました。特に6~7月は光ると大奥が同じ建物の違うスタジオで撮影していたので、今日はどっちのスタジオだ?とか廊下やスタジオ前で会うスタッフさんがどちらのスタッフさんだっけ?みたいな、非常に失礼な話なんですがごっちゃになっちゃったりして面白かったです我ながら。もうなんかこっちは平安と江戸を行ったり来たりして『時代劇ハイ』になってるからしんどいとかは全くなくて、もはや面白くなってきちゃうんですよ。髷、髷、烏帽子、髷、烏帽子、烏帽子みたいな感じで頭も日々変わるし着物、狩衣、狩衣からの直衣、着物、着物、直衣みたいな状態。堅物ながら実直で仲間と病の根絶のために直向きに奔走する『黒木』と、父に認められたいという思いから一族の汚れ仕事を担い兄弟にも強く当たる『道兼』を行き来して。そりゃハイにもなりますよ。

『色んな作品を同時にやるのって混乱したり参っちゃったりしませんか?』

という質問もよくいただくのですがタイミングと役によるかなというのが自分の考えです。

陽の役でも陰の役でも、徹底的に作り込んで自分の中に深く深く潜り込んでいくような役を2作品、3作品と同時に抱え込むことになると、やはり少しずつ心と身体が歪んでいくような気がしますし、自分の場合は仕事以外のアレやコレやで『日常生活』が脅かされ始めると滞ることがあったりもします。とは言え、経験からそれらが分かっていてそのつもりでいれば事前の準備ができるようになるので、ある程度はそれで対処ができます。ただ。自分でも思ってもない感情に駆られたり全然予期せぬ状況に陥ることもあるのがやっぱりお芝居の面白いところで、そういう時はガツンと喰らっちゃう時もあります。絶対に『相手がいる』仕事ですからね。面白いよね。一方で、スケジュールや忙しさで参るみたいなことは今まで一度も無かったです。

そういえば光るの撮影期間中『リアタイ実況』みたいなことをやっていたのですが、それも大奥で誰かがやっていたのを真似して始めたんだったかな。ドラマ放送中にSNSで感想を呟きながら視聴するってやつなんですが、演者と視聴者という関係をある意味一個取っ払える手段になってなかなか楽しかったです。こんな方法で視聴者の皆さんと繋がれるんだなぁって。常々、視てくださる皆さんともう少し密接に手を取り合って取り組んでいる作品を盛り上げたりお互いがより一層楽しめる方法はないだろうかって考えていたのでやってみて良かったです。そういうことで心と身体の歪みが解けることもあるので非常に感謝しています。


撮影期間が長くなると必然的に共演者の皆さんと一緒にいる時間も長くなって、藤原家はお陰様で非常に仲がよろしかったと思います。そう思ってたの実は俺だけだったらどうしよう。

クランクインは岩手のロケから始まったんですが、東京から遠く離れたロケ地でみんなと会うのはなんだか不思議な感覚で、柄本佑くんは舞台で一度ご一緒したことがあったので再会を喜んで、井浦新さんとは初めましてだったんですが非常に気さくな嫋《たお》やかな方でお陰様でするりと距離を縮めることができました。懐が深いと言うより、迎え入れてくださる空気をむわんむわんに纏っているんです。5月の岩手は時に非常に暑く、それを避ける為に支度場の外にテントがあって。そこの椅子に座っている新さんと佇む自分とで、何を話すでもなくぼんやりとしている時間、めちゃくちゃ好きだったなぁ。これから我々は兄弟になっていくのかぁっていう、時間。

東京に戻ってからはスタジオでの家族のシーンがいよいよ始まって吉田羊さん、段田安則さん、上地雄輔さんたちと会う時間も増えていきました。当たり前ですが皆さん役柄も人柄も見事にバラバラで、今思えば本当に『面白い家族』だったように思います。カメラが回っていない時はしょうもない話で盛り上がって、スタジオの帰りにあるどの店が美味いやら最近どんなお芝居見たとかで盛り上がって。と思ったら急に真面目に役やシーン、物語の解釈の話に華が咲いたりして、お芝居が好きな人たちが集まったもんだからそれが何より居心地良かったんでしょうね。お三方とも何度か共演したことがある方々だったのも非常にありがたかったです。

この仕事は、その日初めましての方とも仲睦まじい家族を演じたり、憎き敵役を演じたり、長年連れ添った夫婦や恋人を演じなければいけなくて。それがお仕事なので勿論全力で取り組ませていただくのですがやはり人間同士のやりとりということで台詞や画以外の『そういう雰囲気』が醸し出されるまでにどうしても時間がかかる場合もあります。それはやっぱりしょうがないことなんですよね。よーいドン!で100%自分を発揮できる人もいればじっくりゆっくり距離感を探っていく人もいる中で、じゃあ自分はどういうスタンスや思いやりでこの現場に臨もうかと考えたりします。だからなるべくたくさんの現場を経験して、例えば別の現場で一緒になった時に仲良くなったり、できることなら普段の関係性を築いておくってのが非常に大事なんだなと最近痛感しています。相手を知っていること、相手に知ってもらっていることが多ければ多いほど俺は楽しめるタイプでして。そして別に初めましてでもその『知る/知られる』さえ成立してしまえば、そんなことは飛び越えて仲良くなれるし良いお芝居もできるもんで。広く心と感情を開けておく、そして自分という人間の手の内を早くたくさん晒しておくのが、俺にとっての人とのコミュニケーションにおいての秘訣なような気がしています。なので藤原家は、役の関係性は置いといて自分にとっては家族たり得る下地があったんで非常にありがたかったのです。

段田安則さん。

普段は段さんと呼ばせていただいております。大河ドラマ『真田丸』で滝川一益と織田信忠という関係で初めて共演させていただき、その後は舞台『夢の裂け目』で紙芝居屋の親方、田中留吉とその弟子の関谷三郎として再会、そしてこの『光る君へ』で藤原兼家と道兼という親子で3回目の共演となりました。しかもこの時には舞台『リア王』での共演も決まっていたので、ご縁が続く時はぽんぽこ続くもんだなぁなんて思って。

尊敬する俳優の一人です。夢の遊眠社の看板俳優として演劇界を牽引し、解散後も舞台、映像どちらにもバンバン出演して。一本でも多く現場を共にしたい偉大な先輩。俺なんかが段田さんのことを語るのは烏滸《おこ》がましいですが、圧倒的に芝居が上手い。そりゃそうなんですけど別次元に上手い。芝居が上手い人って徹底的に技術を磨いて磨いてそれを身に付けているタイプの方と、圧倒的な人間性やカリスマで人を惹きつけて止まないタイプの人とがいて。段田さんはその両方を非常に高水準で繰り出す人。針の穴に糸を通すような繊細な芝居をしていたかと思えば、途端に豪放磊落《らいらく》なおもちゃ箱ひっくり返したようなお芝居に切り替わったり、見せる姿が、芝居が、コロコロと目まぐるしく変わっていく。自信と余裕と弛《たゆ》まぬ研鑽と、何より『お芝居を遊ぶ』気概がないとあんな振る舞いはできないだろうと、そばで眼と脳を爛々とさせて見させていただいてきましたよ。それは恐らく、『光る君へ』の兼家でも遺憾なく発揮されていたのではないでしょうか。目の前でそれを浴びるってのは、本当にすげぇんですよ。なんてことを本人に伝えたことはありません。なんだか気恥ずかしいし、生意気かもしれませんがいつかは俺も段田さんをあっと言わせる俳優になりたいなんて思ってるもんで、それを本人に伝えるのはなんだかちょっと悔しいじゃないですか。だからこっそりそんなこと思いながら、一本でも多く共演してその姿を見ていたいし見てもらっていたいと思っています。段田さんと映像作品でこんなにもガッツリやり取りできたのは嬉しかったです。

舞台『リア王』の稽古及び本番中に段田さんと『昨日の「光る君へ」視た?』『面白かったよな?』『あそこの

流れどうなんだろうって撮影中は思ってたけど視てみたら良かったな』『おまえ悪いやつだねー』ってやりとりに華が咲いて、それが嬉しかった。俺が悪いやつになったのは父上、あなたのせいですぞ。

一度楽屋に『玲央、ちょっといい？』って訪ねて来たことがあって。そんなこと滅多にないから怒られるんか？俺なんかしたかなって思ったら『昨日の「光る──」さ、あれどういう意味だったの？』って解釈聞きに来て。ズコー！ですよ。普段怒るようなこととか絶対にないから余程のことかと思ったのに。そういうお茶目なところも大好きだし見習いたい先輩なのでした。

『光る君へ』の話になるとやはり長くなってしまいますね。世間の皆さんにどう映っているか分かりませんが、俺にとってはどうやら思い入れが強い作品みたいです。自分がやりたい芝居と、こう受け取ってもらえたらいいなという願いと、脚本や演出などの外的要因の三角関係が思い描いた通りに上手くいって、言わば『手応え』を感じられた作品だからだと思います。眼に見えないものを追求していると、手応えなんて段々感じなくなってくるし感じたとしてもそんな独りよがりな思いは毒だって捨て去ることが多いのです。手応えなんて尺度は自分で定めた自己満足のハードルでしかない、というのが俺の基本的なスタンス。それでも。2、3年に1本くらいはそんなご褒美みたいな思いを許してもらえる現場や作品があって、『光る君へ』はその1本に当たる作品だったのです。その上、ありがたいことに視てくださった皆さんから非常に多くの反響をいただけたということも嬉しかったから。敢えて言いますけど、代表作？出世作？の一つになったのは間違いないです。

最後に、藤原道兼が『続古今和歌集』に遺したとされる歌を紹介して終わります。

俺はこの歌と、この歌を詠んだ藤原道兼が愛しくてしょうがないよ。

朝顔の
あしたの花の露よりも
あはれはかなき
よにもふるかな

漫画と私

元々画家になりたかった、という話は方々でしてきたかと思いますが、伴ってイラスト描いたりすることもやってたし画家ほどではないけど『漫画家』という職業にも憧れていた。それは小学生の頃のとある漫画との出会いがキッカケでした。

小学生くらいの頃に週刊少年ジャンプで『ワンピース』が連載開始して、周りで読んでない人は居ないってくらいの人気作品でした。もちろん今も。兄からのおこぼれでジャンプ読むことはあったかもしれないけど、躍起になって読んでいたかというとそんな記憶もなくて、もっぱら読んでいたのは週刊少年チャンピオン。詳しく聞き取り調査したわけじゃないけどマジで少数派でしたね。ジャンプ漫画の知識も処世術のように身につけてはいたけどその実ちゃんとは読んでなくて、勝手に肩身狭い思いしたりしていた。

そう言えばゲームも少数派で、みんながドラゴンクエスト、ファイナルファンタジーやってる時に俺は『MOTHER』をやっていた。なんのこっちゃって方は良かったら調べてみてください。今現在の俺の感性に間違いなく影響していますよ『MOTHER』は。

すかしたり他人と違うことを敢えて選んだりしていたってわけではなかったと思う。たまたま面白いと思うものが少数派のモノだったってだけで。それを寂しかったり特別だなんて思ったこともない。チャンピオンもMOTHERも少数派だなんて言って、気を悪くした人がいたらごめんなさい。でも本当に少なかったんだぜ俺の周り、俺の世代では。

そんな少数派の俺に拍車をかけたのが、前述したとある漫画。親戚のお兄さんが『絵を描くのが好きで興味があるならこれは絶対読んだ方がいい』ってくれたのが松本大洋先生の『花男』全巻でした。ビッグコミックスピリッツ。拍車、かかるかかる。

松本大洋先生の漫画との出会いは自分の人生を大きく変えた。絵画とイラストと漫画は、絵を描くという点では共通しているけど圧倒的に違う能力で、『花男』には見たこともない価値観が溢れていた。こんな絵を描けるものなのか。こんな展開があっていいのか。コマ割りの斬新さ、書き文字の凝りよう、イラストとしての巧みさ、今まで読んできたどの漫画にもない手法が散りばめられていいた。自分もこんな絵が描けるようになりたいって、先生の絵を模倣しまくって勉強した。

高校生の時分、イラストレーターの326氏が爆発的に流行って俺ものめり込んだのだけど、326氏が路上でイラストを売っていたというのをどこかで見たり、詩や創作物を路上で販売するというのが流行っていた時代だったので、俺も真似して路上でイラストを販売するようになった。原宿キデイランドの前がそのメッカで、自作のイラストをポストカードにプリントして布敷いてそこに並べて、さながらフリーマーケットのように販売していて。今でこそ様々な事情で許される行為ではないのだと思いますし、当時も許される行為ではなかったかもしれません。当時のキデイランド前はウン十人とそういう人がいて黙認されている、という状況だったように思います。それに甘えさせてもらった形になりますね。その時売っていたイラストが、松本大洋先生にモロ影響を受けた絵でした。外国の方が多く買ってくれた記憶があります。懐かしいな。

そこからは順当に『鉄コン筋クリート』、『ピンポン』とハマっていき、いよいよ月刊ＩＫＫＩが創刊されるのです。『ピンポン』と『竹光侍』の間、先生の連載作品が読めるのは月刊ＩＫＫＩだけでした。ご存知ですかＩＫＫＩ。小学館から創刊された前衛的な漫画雑誌。正確にはスピリッツの隔月増刊号として展開していたのが元で、後に月刊誌として独立した雑誌でした。敬称略になりますが山本直樹、小野塚カホリ、五十嵐大介、日本橋ヨヲコ、青山景、黒田硫黄、唐沢なをき、鬼頭莫宏ｅｔｃと、錚々たるメンツが連載していた雑誌です。ただ、周りで読んでいる人はこれまた一人もいなかった。『ＧＯＧＯモンスター』、『ナンバーファイブ 吾』を経ての『竹光侍』、そして『Sunny』、『ルーヴルの猫』、『東京ヒゴロ』へと続いていくわけです。

松本大洋先生の凄いところは絵の変遷だと思ってます。戯画的な表現が多かった『花男』や『鉄コン筋クリート』時代、写実に寄りつつやはり漫画表現を遺憾なく駆使している『ピンポン』時代、柔らかさと絵巻物的美しさと遊び心に満ちた『竹光侍』時代、そして漫画でもありイラストでもあり絵画でもある『東京ヒゴロ』今現在。手前味噌ですが『絵を描くことの境地』に辿り着こうとしている先生の作品を、俺は追える限り追い続けると思います。

俺の当時の、そして今のイラストをお見せできればどれだけ影響を受けているか説明しやすいのですが。垣間見たいという方、このエッセイのカバーを剥がしてみてください。ちょっとは伝わるかもしれません。

さて、あとお二方影響を受けた漫画家さんを紹介させてください。

まずは先ほど名前が出た日本橋ヨヲコ先生。

この方は台詞と熱量とキャラクター造形が凄まじくて、先生の漫画内でもメタ的に語られていますが『魂削って漫画描いてる』と思う。その姿勢が胸を打つんですよね。

中学生か高校生の頃、通っていた美容室に週刊ヤングマガジンが置いてあって、連載していた『極東学園天国』を読んだのが日本橋ヨヲコ先生との出会いでした。作中での台詞、『いやだなあと思うことそのままにしてたらたましいが腐るから』ってのがブッ刺さってて、今でも自分へのエールになっています。人によっては暑苦し過ぎる!と思うような台詞回しがめちゃくちゃ出てくるんですが、その振り切り方というか力強さというか、ぶん殴るようにこちらを感動させてくるのが俺は堪らなく好きなんですよね。

なりふり構わない漫画、というか。

もうおひと方は新井英樹先生。

先生の作品に出会ったのはちょっと遅くて、演劇始めた頃だったと思う。ただ、演劇始めてなかったら先生の作品の面白さには気付けなかったというか、出会えなかったしこんなにものめり込まなかったように思う。それはどういうことかというと、圧倒的に人間を描いてていてそこに激しく共感できてしまう、ということなんですね。人間の欲とか汚い部分とか愚かな部分とか、誰もが本来は持ち合わせてるけど蓋をして、目を背けないとやってられないような事柄それらを、漫画なんだからある種ファンタジックに、フィクション的に描けばいいのにこれでもかとリアルに描いてくる。その泥臭さが堪らないんですよね。演技の勉強になるくらい。

天才、あるいはカリスマを描かせたら新井英樹先生と曽田正人先生の右に出るものはいないとさえ思います。

曽田正人先生は陽の天才を描く天才。

新井英樹先生は陰の天才を描く天才。

ただ、誰にでもオススメできるかと言われれば正直怪しいところはあります。


俳優業はアウトプットが多い職業だと思っていて、その為に普段のインプットが非常に重要だと思ってます。それを散歩だったり音楽鑑賞だったり、日常生活を営むことで自分の場合は緩やかに達成するのですが、漫画を読むのも強烈なインプットの作業の一つだったりします。感情が揺さぶられたり、絵の上手さや漫画の上手さに焦がれたり、台詞にぶん殴られたり、俺は漫画から演劇的栄養を摂取することが多いかもしれません。それはひとえに『絵を生業にしたい』と思っていた時期があったからだと思うのですが、そういうの抜きにしても娯楽として漫画を読むのは好きですね。


長くなりましたね。

この編が一番書いていて『無限に書けそう』な編でしたのでここらでお開き。好きなものを語り紹介するのに際限はないなやっぱり。本当はもっと自身のことを掘り下げつつ漫画と絡めて紹介しようと思っていたのだけど、漫画を紹介することが自分を紹介することになるなって思ったたし、お陰で好きな文体になりましたこの編は。

趣味爆発の話をここまで読んでくれてありがとう。

最後に、音楽の時と同じく松本大洋先生、日本橋ヨヲコ先生、新井英樹先生のオススメ漫画を一本ずつ紹介して終わりましょうかね。憚られるような作品もありますので、万人にはオススメできかねますが間違いなく、俺はこれらで人生変わった。

■松本大洋『ピンポン』
松本大洋先生の作品で一本選ぶとなると、どれもこれもに思い入れがあって非常に難しいのだけど俺は『ピンポン』を推します。

バディモノ、と言ってしまえばそれまでですが卓球というメジャーとは言い難いスポーツをあそこまで見事に、そして熱く美しく描けるのかと感嘆します。疾走感、天才の挫折、強靭な友情、絵による絶妙な間と空気、最高。実写映画もアニメも超オススメ。

■日本橋ヨヲコ『G戦場ヘヴンズドア』
日本橋ヨヲコ先生の作品も全てオススメしたいのだけど特に、となるとこちら。

漫画家を目指す若者たちの物語です。

俺はどうも『漫画家が描く漫画家』に弱いみたいで、『G戦場ヘヴンズドア』からは日本橋ヨヲコ先生、ひいては漫画家さんたちからのSOSのようなものを感じるのです。魂の叫びが蔓延っている漫画。登場人物たちの漫画に命を懸けている様を見ると、自分はもっともっと頑張れるなぁと、力と決意をもらえます。

■新井英樹『宮本から君へ』
こちらは正直、万人にはオススメできません。


結構辛辣な描写が多いです。

もしこれを見て読んでみようと思った方、事前に少し調べてみて合わなそうだなと思ったら読まなくて良いと思います。と言えてしまうのが、『宮本から君へ』の凄まじいところな気がします。詳しく説明できないのがもどかしいですが、俺は主人公の宮本浩よりヒロインの中野靖子に激しく共感してしまう。共感というか憧れかな。これほどまでに強靭な『人間』がいるのかと、現実にもいてくれと、誰もがそうであったらもう少しだけ世界は捨てたもんじゃないのかもと思わせてくれる、そんな漫画です。作中の描写を肯定したり助長したいという意味でこれを書いているのではないこと、どうか伝わってほしい。


以上、3作品。

この3作品で俺は大袈裟じゃなく人生変わったし今の俺を間違いなく形成してると言えるので紹介させてもらいました。

気をつけろそして覚悟しておけ。

今日も全てに、尊敬と慈愛と感謝を

座右の銘とでも言いましょうか、自分で考えた言葉なんですけどこれをずっと胸に抱えて生きている。いつからそう思い始めたのかはもうすっかり忘れてしまったけどなんか語呂いいし、思っていることを端的に表現できていて好きな言葉なんです。

どうしても、他者を憎々しく思ってしまうことってあると思うんです。どんなに豊かで晴れやかな気分でいても一気に心が曇天に塗《まみ》れることなんてしょっちゅうだし、どす黒い滲みみたいなものに苛まれることも全然ある。それを避けるため俺はこの言葉を大切にしている。

思うに。全てはある程度、思いやりと想像力によって丸く収めることができる、というのが俺の持論です。

自分の言動や振る舞いの先に、知り合いだろうが他人だろうが必ずそれを受け取る他者が存在している。自分が選んだ選択肢が、独りよがりの我が儘なものになっていないかをよくよく考える。どこかの誰かを傷つけていないか脅かしていないかその人の尊厳を損なっていないか、常に考え続ける。そう思えたら世界はもう幾分か過ごしやすくなるんじゃないかなと本気で思っています。

『個』が尊重されつつある時代ですが、ただ一人で存在することが『個』なわけではなくて。集団や社会という枠があるからこそ、そしてそれらと相対的に比較するからこそ個であることが初めて成立する。それを忘れがちな気がしてならない。

尊敬する磨赤兒さんが仰っていた印象深い言葉。

『自分の存在なんて瑣末《さまつ》なもので、まずこの世は自分以外のありとあらゆる存在で満ちている。そこにたまたま俺の形をした隙間があるから存在することができている。存在させてもらってるんだな。世界が変わればたちまち自分の形も変わってしまう。すなわち色即是空だ』

煙草をプカプカ吸いながら、吐き捨てるように仰っていた。俺、アングラ大好きで状況劇場のファンなんで、磨赤兒の口からこの言葉が出てきたことに感動と驚きで一杯だったよ。謙虚さと懐の広さを感じて『あぁ、だからこの人は舞っているんだな』と妙に納得した。

まんま、このタイトル通りのことなんですよ。どんな相手や事象に対しても尊敬の念は持つべきだし必死こいて探すべきだ。そこに心の曇天を吹き飛ばすヒントがある。慈しみ愛する心を持つ、とまでは言わない、それはなかなか難しいからその『つもり』があるだけで、幾許かの余裕が生まれるはずだ。そうしたら大概のことは許せちゃう。そしてそう思わせてくれた全てのことに純粋無垢に感謝する。

それはもしかしたら自分を取り巻く複雑な問題や大きな障害に目を瞑って誤魔化して、見ないようにしているとも言えるかもしれない。でもいいじゃんまずは。まずはそうやって自分以外の世界に眼と心を向けることで自分の居場所をきちんと認識することが大事なんじゃないかなぁって、思いますよ俺は。

それで俺は案外心地良く生きていけるのです。超ポジティブ野郎なんで。

自分くらいは自分のこと、認めて甘やかして突き進んで生きていこうじゃないか。

今日も全てに、尊敬と慈愛と感謝を、持ち続けて。祈り続けて。

I'm home

劇団というコミュニティに所属してもうすぐ20年になる。

人生の約半分を劇団で過ごしていることになります。

このエッセイの中でも、所属劇団『柿喰う客』とそれに纏わる話をいくつかしてきましたが、なんとも不思議なコミュニティなんですよ劇団って。

よく『ホーム』とか『帰る場所』みたいな表現をされますが、我々は血の繋がった家族でもなんでもない。でももしかしたら家族より信頼している面もあるしだからと言って例えば、寝食を常に一緒にしているわけじゃないんですね勿論。

面白いお芝居をつくる、という目標を遂行するためだけに集まっているやつら。そのためなら何でもするやつら。なので『運命共同体』ってのが近いかもしれない特に柿喰う客は。

なんかちょっとかっこいいじゃないですか。

かっこいい集団でありたいってのがあります。お芝居をするだけなら別に劇団に所属する必要なんてないしその集まりに強制力もないわけで、勝手にやっていればいいんですよ。でも敢えて劇団というコミュニティに所属しているのは、『かっこいい集団でありたいから』というロマンと、その『かっこいい集団』にお芝居的な強みを見出しているからです。

柿喰う客のかっこよさの秘訣は『尊敬』にあります。

年齢、性別、キャリア関係なく、他のメンバーを何でもいい、アッと言わせられるかどうか。お芝居のうまさでもお芝居に対する姿勢でも日頃の活動や生活でも、アッと言わせたい言わされたいって願ってるんですよね。すげーな、おもしれーな、舐められたくねー、影響したい影響されたい。それらがその人を尊敬することに繋がる。演劇のために集まっている我々だからこそ、演劇でだけは侮られちゃいかんって思ってるし思っててほしい。そういうのを全メンバーが抱えて演劇活動やってると、かっこいい集団たり得るんじゃないかなと思います。

プロデュース公演などは、その作品ごとに作家、演出家、出演者が集まって一本の作品を作り、公演が終われば解散して散り散りになっていくのが常です。同じメンバーが集まることはなかなか無い。でも劇団は所属メンバーと繰り返し創作を続けることになるのでノウハウや方法論、価値観を積み重ね共有した状態で創作を始めることができます。初っ端からフルスロットル出してもある程度受け取れる、受け取ってもらえる。それが分かってるってだけでも精神的にはかなり楽です。これがお芝居的な強み。

『責任の所在』についても劇団ならではの感覚があるかもしれません。外部での失態やミスは自分だけでなく劇団の看板にも傷をつけかねない。大袈裟かもしれないけど少なくとも俺はそう思って外部に出演してる。みんなに迷惑かけないように、そして俺のせいでみんなが侮られるようなことがないように。みんなもそう思ってくれていたらいいな。

同世代の周りの劇団の解散や活動休止の報を目にすると寂しいし悲しいけどでもそれはしょうがない。事情は様々なんでしょうが、人生の岐路に立った時の選択肢の最優先に『劇団』が選ばれることはなかなかない。そうじゃなくても、他人同士が集まって形成されるものだからそこに生じる問題や人間関係の摩擦とかも計り知れない。みんな、お芝居が好きだからこそ衝突することもあるし諦めることもある。でも、誰かを悲しませたり傷つけたりなんてしたくないって間違いなく思ってる。お芝居嫌いになりたい人なんてきっと一人もいないんだからさ。

このエッセイをいい機会に、俺にとって『劇団』ってなんなんだろう、なんの意味があるんだろうってウンウン言いながら考えてみたのさ。答えはやっぱり出ないんだけど、ってか一生出ないのかもしれないけど、『劇団を辞めない理由』は明確になったかもしれない。お芝居でみんなと一緒にいるのが楽しい、結局それだけなんだと思う。本来お芝居やるって孤独だからさ、『ただいま』って帰る場所があって欲しいんだよね。

クソだせーけどハッキリ言えばそういうこと。

でもいいじゃんねクソダサくてももう。

そういう、原始的な充足を劇団というコミュニティに求めるところまで、いよいよ来てる。だからやっぱり『ホーム』なのかもしれないね劇団って。運命共同体の棲家。

『ただいま』と『お帰り』のラリー。
『安心』と『充足』のラリー。
『台詞』みたいなラリー。

一緒に居られるのならずーっと、続けたいよね。

リーインカーネーション

『充足は勝ち取るしかない』と誓って2024年は過ごしていて、それはなぜかというと気合い入った舞台の予定が詰まっていたからで。お声掛けいただけることがそもそもありがたいことではあるんだけど、全部が全部満足のいく結果を得られる現場とは限らないんですね。だから事前に分かる情報や嗅覚、もはや生存本能のようなものを発揮して取捨選択するのが大事だったりします。『ありがたさ』を免罪符に自分の心に蓋して魂殺して取り組む現場ほど澱《よど》むものはないです。自分も演劇も。

経験則を駆使して現場を選べるならそれが一番いいけど、予期せぬこと不測の事態なんて日常茶飯事だから、そうならないように『自分で現場の満足度を上げる』ことに奔走してきたここ数年でした。それで至った答えは『勝ち取る』だし『勝ち取れる』だったんですね。現場が悪い作品が悪いと腐るのはダサい。待っていても訪れない。だったら。

舞台『朝日のような夕日をつれて2024』が、そんな中にあって一番高水準でやりたいことをやれた現場でした。この『やりたいこと』には2種類あって、一つは『自分自身のやりたい芝居をやれているか』という個人のこと。もう一つは『最高の座組をつくれているか』という他者とのことになります。

後者から話します。

気が付いたら、朝日の座長ということになっていた。なっていた、は変か。座長のつもりなかったのが、じわじわと認識していった、ということになるのかな。

座組の質や雰囲気は座長で決まるといっても過言ではありません。素敵な座長には素敵な座組と素敵な創作環境がちゃんと伴うものです。人間ての結局、どこまでいっても期待しているし期待されたいし応えたいし応えてほしいと思っている。演劇ともなるとそれは尚更じゃないでしょうか。『この人についていけば何か素敵なことが待っているかも』って思えたら、それだけで現場に行く足取りも軽くなるし稽古がワクワクしてくる。自分がこういう考えに至れたのは今まで素敵な座長たちと現場を一緒にすることができたからで、本当に恵まれていたなぁと思います。だからそういう素敵な座組に参加していた時の経験を思い出して、自分の中で座長というものを改めて咀嚼して実践したのが朝日2024でした。

座長の仕事に明確な定義はありませんし、本来どういう立場を座長というのか曖昧なところではありますが、要はクレジットの頭に名前が書かれている人ということで良いのでしょう。『座長でお願いします』なんてオファーが来るわけでもないので。

俺が思う座長のやるべき仕事は何よりも『現場づくり』です。現場の雰囲気を操作して誰もが居心地の良い状態をキープする、これは願わくば出演者に限らずスタッフの皆さんにとってもです。座長の仕事なんてこれだけと言ってもいいくらい。その方法は色々とあって、例えば座組に参加している方一人一人ときちんとコミュニケーションを取る。そうするとやっぱり目に見えて風通しが良くなるんです現場の。だし、ちゃんとあなたの存在を認識していて必要としているんですよって伝えることができます。裏方やっていた時は、声掛けてもらえるだけで嬉しかったし、よし頑張ろう！って思えましたもん。『春夏冬』の編にも似たようなことを少し書いているんですが率先して挑戦し率先して失敗すること、これも大事。演劇の面白いところは『基準がない』ところだと思う。喩えが適切か分からないけど、これが料理だったら塩入れ過ぎてしょっぱくて食べられない！とか焼き過ぎて焦げちゃって捨てるしかない！ってなるところを、演劇はやり過ぎても面白い可能性があるしやらな過ぎても面白くなる可能性があるんですよね。なので一番もったいないなと思うのは、まだどんな料理が完成するか誰も分からない段階から、勝手に描いた完成図目がけてお芝居を狙い定めちゃうこと。でも本番という『時間的ゴール』があるから、どうしても狙い定めがちになっちゃうんですよねこれはしょうがない。そんな時に座長がその幅を拡げて、まだ色々試して大丈夫なんだって振る舞ってくれると周りは非常にやり易くなるんじゃないかと思います。

これらはもちろん一例だし、座長だからってそんなこと気にしないで自分の芝居のことを考えてればいいんですけどね。実際、直向きにお芝居に邁進するその背中で座組を纏める方もいらっしゃるし。俺はワントップでつくるお芝居があんまり得意じゃないから『みんな』でいいお芝居つくれるように振る舞っていたように思います。特に朝日ですからね、思い入れが違うもん。みんなでつくりたかったんだもん。

こういうことを座長だけがやらなきゃいけないわけじゃなくて誰がやったっていいんです。やりたい奴がやればいい。責任伴っちゃうとなんか違うから、勝手に『そういう感じ』になったら万々歳。

座組の誰も彼もが期待をはらんでいてその期待に立ち向かっていた。それは結局、思いやりと想像力豊かな素敵な人が集まったからに他ならない。偉そうに座長の仕事なんて言ってるけど焚き付けるキッカケでしかないです。みんなに座長にしてもらえたんだと痛感してますもん。間違いなく、自信を持って言えるのは、『朝日のような夕日をつれて2024』は最高の座組だったってこと。

人は誰だって期待の虜になれる。

『やりたい芝居をやれているか』という話についても。『朝日のような夕日をつれて』という作品は、今更ながら説明させていただくと1981年に初演、2024年で8度目の再演を迎えるという非常に歴史のある作品で、俺の世代の小劇場出身の人間なら映像で観たことある、戯曲読んだことある、大学でやった、タイトルは聞いたことあるってな感じで、避けて通る方が難しいんじゃないかというような作品なのです。ありがたいことに俺は、7度目の再演である2014年版にも出演させていただいていて、10年振り2度目の出演でした。

10年という月日は非常に大きい。

10年経った今回の心持ちは、敬意を表して敢えて言葉を選ばずに書きますが『歴史？　そんなの知らん！』って感じでした。これは別に単に悪態ついてるとかじゃなくて良い意味で、10年経って演劇自体が特別なものじゃなくなったからだと思います俺の中で。

純粋無垢に面白いお芝居がつくりたい。

ただもうそれだけですよ。

今の自分なら恐らく別の作品でも同じことを標榜しますし、その為にやるべき芝居を追求するだけなんです。だからその為の先述した『最高の座組をつくれているか』だったし、その結果、存分にやりたい芝居がやれました。

書いてて思ったけど、結局は『朝日のような夕日をつれて』という作品にそれを受け止めてくれる懐の広さと悪魔的魅力がある、ということなんでしょうね。

　作品と俳優の関係性は果てがない。

　作品がこちらをどう思っているかなんて分からないし、どこまで狙ってのことなのかも分からない。もしかしたらこんなことは織り込み済みで、掌の上で転がされてるだけなのかもしれないけど、それでもいいやって思えちゃう。作品は変容し続けるし、俳優だって変容し続ける。時代や年齢、その時々でお互いの意味も価値も価値観も変わる。

　やりたい芝居がやれたというよりかは、やった芝居がやりたいと思っていた芝居だったのか？　余計なものが削ぎ落とされている時期、ってことなんでしょうか？

　いや、分からん。

　作品が今持っている意味その点と、俳優が抱えている興味その点と、2024年の演劇その点が、たまたま重なるタイミングがあったからそこに想いを穿っただけだ。充足を勝ち取った、ただそれだけのこと。だってこんな絶好の機会に後悔なんて一つもしたくない。


またあの5人で立ちたい。

立ち続けたい。

四ツ谷駅にて

好きになった街。

俺を救ってくれた街。

夜の街の灯りキラッキラで、知らないことだらけの街なのに居心地が良くて堪らん。

一本横道に入ると昔ながらの商店街なのだろうか。

俄か者が多くを語るのは憚られるような街なんでしょうがそんなことは言ってられない。

だってどうしようもなくこの街、好きになってしまったのだもの。

アスファルトは硬い。

すれ違う人たちはご機嫌。

歩く速度気遣い。

非常にたくさんのことを思い出している。

ところで、へベレケを連れ去るタクシーが忙しない。

ほど近くに、とある映画のリハーサルを重ねた場所があることも感慨を深めてはいる。

が、それ以上の意味と価値が俺の中には産まれている

今まさに。
知りたいと思う気持ちと、思い出すあれやこれやと、
目の当たりにする景色で目と鼻と口が忙しない。
心の居心地が、とても良い。
呼吸は荒くなるし涙もちょちょ切れそうだ。
でもどうやら無事に塗り替えられそうだ安心安心。
俺を救ってくれた街。

では、後ほど

ここまで読んでくださってありがとうございました。
最後の編です。

この本を出すにあたり、打ち合わせの時に『40歳になるんで40編書き下ろしましょう!』と言った自分を窘《たしな》めたい。

40編、多過ぎるよ!

ってなるかと思ったけど実は案外そんなことなくて。

書きたいことが伝えたいことがたくさんあって、なんなら40編じゃ収まらなくて困っているくらい、かも。

ただ自分の性格上まとまった時間で落ち着いて、かつ追い込まれないと腰を上げないもんだから書き始めるまでが一番大変だったかもしれない、かも。

中にはこれってエッセイなの?って編もあるかと思いますが、何を考えているのか、何を思って過ごしているのか、どんな風景を視てどんな感情に囚われているのかを知ってもらいたいと思ったから、気にせず載せてみました。

普段、言葉を『音と感情』で伝えている自分にとって、『文字と祈り』で伝えるというのは非常に興味深かったです。『文字と祈り』、いい響きだ『風とロック』みたいでいいね。

言葉で思っていることを伝えるのが、上手いかどうかは別として好きなんだと思います。積年の感情を、瞬間の劣情を、どうしようもない愛情を、得も言われぬ心情を、言葉はまろやかに端的に伝えてくれる。目の前にいる他者と目に見えない距離感を測って、その人となりを慮《おもんぱか》って放たれるそれに様々な想いが乗る。日常でも台詞でも、俺にとって言葉は非常に雄弁だ。

でも良くも悪くも結論が早い早過ぎる。

時に真意や意図を探る暇なく額面通りのものだけがバチコンと伝わって泣きっ面見る羽目になることだって山のようにある。『言えばそれが真実になり得る』であろう演劇の世界に長く身を置いて来た自分には、それが良くない作用を起こすことだってあるあったいっぱいあった。

でも文字は、目の前にいないアナタの想像力を存分にお借りして、そして願わくば同じ風景に辿り着けますようにって祈りを含めてそこにぶち撒かれる。即時性も無いから、もしかしたら読むタイミングや気分によって全然違う風景に辿り着くし、言葉と違ってこちらの意図を存分に伝えることができないから、それがもどかしいし面白い。あまりにも明確に形として残るのに、その間にあるあれやこれやに結論が出ることはない、正確には結論を見届けることができない。少なくとも、アナタにとって役に立っていればいいという祈りもそこにはある。それがどうやら文字の強みだと思ってる、けど。

SNSが得意でないのは表現活動である程度言いたいこと言えてるからなんじゃないかな。承認欲求が無いわけじゃないし聴いてくれこの話って話題もあるにはあるし、でもなんかフォローしてくださってる方を始め世界中に発信するのは憚られるなぁとか思って二の足を踏む。じゃあSNS止めればいいのにでも、心のどこかで誰かと繋がっていたい独りじゃないことを確認したいって思っているから止めないし、そう思っている人が他にもいるなら手を差し伸べたいなんて大それたこと考えたりもしてる少しだけ。のくせに、自分の価値なんてたかが知れていて需要があるなんてとても思えないって感じたり、写真を上げるのも恥ずかしいし。誰が喜んでくれるんだって穿《うが》って斜に構えている節もあるし。

そんなこと考えず、好きにやりゃ良いんですよそんなものは。義務でもなんでもないんだから。

だから俺にとってSNSは、結局は煙に巻く為の手段さ。俳優を生業にしている自分の『本当』は一体どこにあるのか、日常生活の中にあるのか、舞台の上にあるのか、テレビの先にあるのか、どれが本当かなんてもう誰にも俺にも分からないから、SNSにボロボロとその時々に思ったことを垂れ流して少しでも知ってほしいって。こんな人間がいて『本当』を探して彷徨《さまよ》っているんだってことを。襲いくる『嘘』を煙に巻いて、全力疾走で逃げていることを。

それが俺にとってのSNSの有効活用法。

『では、後ほど』というタイトルは、そんなSNSで舞台の初日の日にいつからか放つようになった言葉です。未だ見ぬ作品が産まれる瞬間と、恐らく劇場で出会えるお客様と、そして我々に待ち受ける信じられないような体験に向けて投げ掛けている言葉です。

やっぱり会いたいんです圧倒的に会いたい。

アナタに会いたい。

ずっといつまでも待ってるんですよ舞台上で劇場で演劇でお芝居で俺は。

そこにすげぇことが待ってるしすげぇことを起こすしすげぇ景色が拡がってることも分かってるし。

すげぇのよ。

そんな待ち合わせ場所に集まる為の、俺なりの精一杯の本当の言葉が、『では、後ほど』なんだと思います。

最初にも言いましたが改めて。

このエッセイがアナタとワタシの説明書、のようなものになったなら幸いです。

諦めに似た前のめりでせめて自分だけでも自分を肯定できたなら、その一助になれたなら万々歳、でした。

俺にはなった。

アナタは？

アナタには？

我々には？

アナタとワタシには？

それを知る為に。

では、後ほど。

どくはく

戯曲

このエッセイを書いている時点から数えれば13年前、26歳の時に書いた一人芝居です。

2011年に上演された大阪の一人芝居のフェスティバルの為に書き下ろしたもので、そこ以外ではどこにも出していなかったと思います。

エッセイ集に載せていいものなのか迷いましたが、折角なので掲載させてください。

タイトルは『どくはく』といいます。

独りの女性の話です。

どくはく

開演

今から、聞くに耐えない独り言を延々語ります。
自分でも何が言いたいのかさっぱり解りません。

解っているのは、この独り言があなたの耳には届かないということだけ。
それだけだ。

だからどうか、どうか聞いてほしい。
それで私は、もう、なんか、万々歳。
なんです。
(目の前に、誰か居るのか)なんです?
なんです?
なんです?

間

俯き、大きく息を吸って、すっと吐く
吸って、吐く
吸って、吐く

始めます。

私にはたまらなく好きな人がいて、その人の為なら何だって出来る。
何だってするつもりでいる。

いる。

好きな人に好きな人が、
いる

ってのは最悪だ。

私の想いはいつだって一方通行な気がしてならなくて、彼はそんな事
無いと言うけれど、
言葉だけでその不安を拭うのは不可能。
だって男は隙間にねじ込みたい生物なのだから。
人の『どうしようもない隙間』に『己』をねじ込んで、
自分の存在価値を植え付けないと落ち着かない。
それに対し私って人間は、
「あー、必要とされたい」
って潜在的に思っているのだ。
それが不安を拭っているのだ。

吐

き

気

がする。
そんな思考回路がある事自体不愉快でしょうがないのに、
私は私の隙間に彼をねじ込まれる事によって快楽を得ている。

という不愉快。
そして隙間を埋められるのが『私だけではない』という事実が、
もう何か
不愉快？
だよね。

これはそういう話。

続けます。

もともと独占欲が強い方ではない私のこの湧き立ち上がる独占欲はなんなんだと。
それだけ彼を愛しているって事なんじゃないのかと。
どうなんだと。
ってな想いを携帯でニチニチ打つ。
呟く。

間

井の頭線の車内はとても静か。
ニチニチの音がまばらに座っているサラリーマンとかおばさんとか酔っぱらったおじさんとかサラリーマンに聞こえるんじゃないかってくらい静か。

こんな日々を過ごせたらいいのに。

何者にも脅かされない日常。
脅かされていると感じない強靭な心。
干渉が皆無。
それに寄り掛かれる安心。
なーんにも持ち合わせていない私。

隙間を埋められる私の特技は隙間を縫うことだ。
あの女が彼の家に居ない隙間を縫って私は逢瀬を重ねる。

隙間を縫うのは得意だ。
元々得意だった訳ではなくてね。
得意になっちゃったんだよ。
それくらい彼は私を夢中にさせるんだよ。
彼の隙間を縫って私は、彼に隙間を埋められるんだよ。
糞っ垂れ。

なんて事を考えてる私の顔はどうやらニヤニヤしているみたいで、
目の前に座るおばさんがこっちを見てる。

（ウィスパーで）殺す。

って言わない。
私は言わない。
大切な事は本当に大切な事は口に出して言わない。

それを言わずとも伝わる関係性を築きたい。
それを言わずとも結果で見せたい。
いつか彼からあの女を引き離したい。
それを言わずに遂行したい。
口に出したら負けだ。
まるで私が媚びてるかのように思われたら負けなのだ。
口に出した言葉を違えた時、それは圧倒的な罪になる。
だから絶対言わない。
負けない。
口に出さなきゃ、勝ちも負けも罪も罰も、
無い。

じゃあ、言わなきゃ良いのに。

間

想いをいつまでもこちらに傾けて、正気を保たなくては、いけない。

彼には縋ってでも手に入れたいと思わせる魅力がある。
けど縋ったら駄目だ。
縋った結果、私があの女と比較されて
『彼女はそんな女々しい事考えないよ』
って言われたらもう駄目なんだ。
色々駄目なんだ嫌われる。
嫌われるくらいなら本当に大切な事は口に出して言わない。

って、強く強く思う。
あーあ。

もう直ぐ駅に着く。
おばさんは気絶している私にぶん殴られて。
他の人は見ないようにしているこっちを。

これだ。
この孤立無援な感じが冷静さを保たせてくれるよね。

隙間を縫って隙間を埋めに行こう私の。
そして願わくばその隙間を、満たして満たして貴方だけで一杯にしよう。
そんでさ。
溢れ出る何かで何か、しよう。
新しい世界を見よう、と思う。

隙間を満たした先の新しい世界。

電車のドアが開く。
ホームに降りる。
ぼそりと呟く。

(口パクで) 殺す。

改札を抜け、左手の階段を下りる。

線路沿いに歩く。

行ったり来たり、の電車はもう直ぐ、電源を落とす。

何千何万のエゴイズム。

甘え。

思惑。

を孕んでいたその電車は、安眠を得られるの?

奇麗さっぱり何もかも忘れて、落ち着きを取り戻して、また明日を迎えられるの?

土足、凌辱、途方無い。

羨ましいったら、ない。


それを思うと軋み出す。

胃がぎゅーって痛いのは、ある事に気付いたからだ。

人間にはその人が生きてきた軌跡みたいなもんがあって、その積み重ねがあって今の姿を創っている。
私はそこに存在する人が大切だから、
人がどんな軌跡を描いてきたかって事に興味が無い。
興味が無いというよりは見えていない見ようとしていない。
結果を見て人に対しての感情やらなんやらを決めているので
普段は見えていない見ようとしていない。
でも瞬間瞬間でそれが見え隠れする時があって、そういう時に急激に意識する。
どう生きてきたかとか誰と出会ったかとか人生の岐路はいつだったのかとか
どんな感じでどんな呼吸でどんな想いで歩んできたのか
速いのか遅いのか何を話し何に触れってな感じのものに想いを馳せる。
なーんて、生易しいものじゃないんです。

想いを馳せるってのは生易しい。

握り潰したくなる。

想いを握り潰したくなる。

私は、私が愛している人の、どう足掻いても拭い去れない事実ってのが心底嫌みたいで。

その人の過去をも自分で満たしたいの。

記憶を塗り替える事は簡単だ。

でも事実は死んでも変わらない。

それがもどかしいよね。

忘れられたくないのなら、自分が魅力的であればいいだけ。

同時に、忘れてほしいのなら自分が魅力的であればいいだけ。

それが誰の為になのかってのが大事。

それに尽きる。

曲げられない事実があるというなら、二度とそれが出てこないように
自分が
圧倒的な厚みをもって塗るしかない。

思い出とか軌跡が吹き出してこないように圧倒的に今を今現在を。

それでも人間は間違いなく絶対に過去の思い出に浸る。

今よりも煌めいていたりする何かがあれば掘り出してそれを抱き締め

たりする。

でも例えば物とかは、それがその人にとってどんだけ大事か知らないけど、
その物がその人と辿った軌跡も勿論知らないから、知らないけどさ、棄てろよ色んな物って思う。

でもそれを放棄させれていないって事は
それは即ち自分の何かが足りないからなんだろうなという、
自分に原因を求めたり追求したりする行為は、綺麗言だったり詭弁だったりするのだろうか。

とかって自分を疑うのも苛々する。

苛々ってよりは悲しいそんなのは。

自分を信じられないのは悲しい。

でも価値観を押しつけるのよりは遥かに美しいと思う。

自分が揺るぎなく存在できれば自分の不安は解消できるんだから
そうすべきだしそうあるべきだと思う。

その揺るぎなく存在する様は、きっと美しいと思うんだよ。

けど如何せんこんなにたらたら駄弁を垂れ流しているのは、
それをどんなに遂行しても推敲しても放棄させるに至れないからなのだろうかと。

で結局、それをしない事への苛立ちとかよりも、自分の至らなさに辟易するんだよね。

自分以外の存在で自分の掛け替えの無い存在が安息を得ている姿なんて見たくない訳で。

家族親友大切な人愛する人。

それがいくら過去の事でも頭の片隅にあって

引っ張り出してこないと浸れない事だとしても
消し潰せそんな物って思う。
殊更、自分が特別だと思っている状況に於いて他人との特別を目の当たりにすると
何だか自分がちっぽけな、価値の無いものに感じるのです。
こうして想い考え悩んでるんだか愚痴ってるんだかを吐き出せるだけ
自分は幸せな、
おめでたい人間だと痛感するけどでもこれは。
圧倒的な自己弁護。

案外ね、自分という存在とその思考とか感覚とか疑って生きていった方が良いみたいよ。

周りは自分が思ってるより敵だらけで、綺麗言を吐きながらも
やっぱり嫌なものは嫌で、普通に考えたら嫌だそりゃ。

嫌と嫌じゃないの波がぶつかりあって、しぶきしている。

そんな自分は信頼に足らない。

それに、どうにもこうにも自分を信用し過ぎるのはいつか自分の首を絞めるのだ。

どんなに誓ってもどんなに信用しても結局裏切られるのだから。

でも私は生憎、そんな生き方しかしてこなかったから。

自分を信用する事が全てだと思って生きてきたから。

ってのは言い訳で、気付いた瞬間から正せば良かったんじゃないか。

信用は裏切られる。

自分を徹底的に信頼していれば相手を信頼する事に繋がる。

って思っていたのだけど、案外そうでもないんだな。
過度な重圧で、案外脆く折れる瞬間ってのがある。
そしてまた、そんな折れるような信頼しか自分に出来ていなかった事実に、
今度は心が折れそうになる。
悪循環と猜疑心。
猜疑に次ぐ猜疑。
疑い過ぎてどうにかなっても良いくらい、疑うべきだった。
と、過去形にして良いのかどうか。
馬鹿や泣き、見るくらいなら信念曲げても良いんじゃないかと思う程の、
大切さ大きさ気高さ。
寒気がするよ。

人が人を惹き付ける魅力ってのは、もうどうしようもないのかなとか思う。
悪魔のように人を惹き付ける人間が居る。
悪魔が居る。
生き辛いと思うんだよ。
悪魔は人を惹き付けたいんじゃないんだもん本当は。
でも直ぐ違う高みに行こうとしたり特別に成りたがる人間が現われる。
で、失う。
共に失う。

どうしたもんか。
だからって自分の手でその魅力を手放すのは違うくて。
じゃあ欠落させれば良いのかというとそれも違うくて。
絶対違うくて。
もうなんかそれは付き合っていくしかないんじゃないかって気がする。
あるいはその魅力をそのままに、魅力に近付けない状況や事実を固め、
知っといてもらうしかない。
知らしめるしかないんじゃないか。
私という存在を。
やっぱり私はその為なら何でもするし。
そんな自分にびっくり。
こんなにもこんなにもだとは思わなかった。
もうこれ以外何も要らない。
ってなったら、じゃあもうそのこれ以外ってのにしか効力を持たない魅力だけ、
持ち合わせれば良いのではないか。
削ぎ落とすのではなく絞る。
集中させる。
それが簡単に出来たら人生もう少しまともだったよ馬鹿野郎。
悪魔のように人を惹きつけるってのはある。
これは実際あって、じゃあもう後は神に感謝するしかない。
君が出来るのは神への感謝で、私が出来るのは君への感謝だね。

悪魔を最後の最後ぎりっぎり人間たらしめているのは巡り巡って君の存在だ。
君がいるから何とか成っている。
でも恐らくそれはぎりっぎりのきわっきわのバランスで成り立ってんじゃないか。
しがみつきたくなくてもしがみつくのが人間。
そこに齧りつくのが悪魔。
じゃあ絶対に何が何でも是が非でも、
君が傍に居て悪魔を人間にしてやっているのが一番なんじゃないか。
人間性を保つ。
君が。
どんなになっても信頼して信頼して信頼して信頼して信頼して信頼して、
信頼して信頼して信頼して信頼して信頼して。
君が出来るのはそれだけだ。
けどそれが出来るのは君だけだから。
多分きっと。
痛い目見た時は泣きつけ。

涙を見せろ。
それを私は笑ってやる笑い飛ばしてやる。

あとなんだ？
間違いなく言えるのは、産まれてきて良かったたっていう人間讃歌みたいな事。
これから先私は結局、私自身と私の周りの皆しか信頼しないと思う。

徹底的に人間が好きだ愛している良かったたって思う。
もうそれで良いよ。
考えんのすら億劫になってくる。

洒落臭ぇ。
全部洒落臭ぇ、
よ？

人間は考える葦である。
そんな違う断じて違う。
人間は考える悪しである。

良し、悪しで言ったら絶対悪し。
考えれば考えるだけ、悪しである。
そしてそれはどうでも良し。
である。
それでもそれでもそれでも。
駅から君の家までの道程は、物思いに耽る時間なので。
今こうしている瞬間にも、どっかの誰かが優しい声で愛を囁いてるんじゃないかとか、
瞼を閉じてその裏側に極彩色の映像を、
記憶なのか妄想なのかもう曖昧なくらい現実感が無い風景を、
貪っているんじゃないだろうかとかって。

戻す

戻す
戻す　戻す
戻す　戻す
戻す
胃の中身も思い出に関するアレコレもついでに話も。
戻す。
戻したい。

が、戻れそうもないので逸らします話を。

最寄りのコンビニファミマを越えて。


夢を見ました。

その夢の話をします。


逸ら、します。

夢の話。


私は、野良猫みたいに、死ぬ姿は誰にも見せまいと、別の道を辿る事にする。

私以外にそこには二、三人居て。

それが誰かは憶えていないのだけど。

一緒に歩いている。

一緒に歩いていた。


自分でもいつ来るか解らない何かに支配されて、でも意外と冷静な判断だと思う。

なんのこっちゃ。


銀杏並木の坂道を抜けて見えた建物。

そこで何故だかお土産を物色するくらい私は冷静で。

ともするとそれは、衝動を無理矢理抑え込み日常を力尽くで手繰り寄せようとする私の、
情けない姿なのかもしれない。

夢って出るじゃん、そういうのが。


建物の中は閑散としていて、辛うじて売店が開いているだけ。

売店？（半笑いで）売店って。

入口と対面する形で配されている扉があって。

ガラスが割れていて、軽い、粗末な扉があって。

そこを出ると、目の前は海だ。


加速が。

加速が始まる。


扉を出て直ぐ、建物添いに右に進むと広場がある。

私はそこで知り合いを見つけて、言葉の一つも掛けたいんだけど声が出ない。

もう、声は出ない。

出ているのかもしれないが、誰にも届かない。

速すぎるのか、違う次元なのか、どうなのか。


そのもどかしさが、無理矢理手繰り寄せた日常をぷつりと切り落とし、いよいよもって加速が増す。

徒歩と呼べたものはもうそこには無くて、覚悟を決めて海に向かって走り出す。


海岸の砂を巻き上げて、戯れる人間を撥ねて、もう私は想像がつかない速度で走っている。

走り続けている。

誰も追い付けないし、もしかしたらもう見えていないのかもしれないし。

それはもっと言ったら、速度のせいじゃないのかもしれないし。

次元が違うからなのかもしれないし。

そんな現実離れを現実に考えてしまう程に私は走っている。

走り続けている。


いよいよもって私は孤独だ。


誰にも声は届かない。

誰にも私は見えてない。

誰にも触れてもらえない。

感情のほとばしりと身体が密接にリンクし過ぎて、私の中の激情が炉に火をくべる。


苛立ちが貧乏揺すりになるように。

私の感情はごうごうと燃え盛り、それはどうやら走る速度に比例して、泣き叫びたい喚き散らしたい感情があればあるほど速くなる。

内臓を掻き毟りたいような衝動を抑えて、進まざるを得ない時がある。

感情が身体を超える時、言葉というか口から吐き出される音になってそれは押し寄せて、
頭が追い付かないくらいの音の波が襲う。

そこからは言葉が止まらなくなる。

でもそれはもう誰にも届かない。

あろう事か私にも。

届かない。

身体が朽ちてる。

感情が真っ赤に燃えてる。

呼吸が追い付かない程喚く叫ぶ。

けど私がこうして死んでいくのは疲労とか精神崩壊とかのせいじゃない。

姤け死ぬのだ。

全てが追い付かなくなって何もかもが機能しなくなって脳味噌からの命令が下る。

もうこれ以上は勘弁して下さいって。
それを聞いた全神経全細胞が、ごうごうと燃え盛っている事実は留め
ながら、電源を切る。
崩れ落ちる私。

どろっどろに溶けていた風景が元の形を取り戻すと、
今度は私がどろっどろに溶け始めていて。

不純物に塗れた感情だけは、燃えないでその形を歪ませて残ってしま
う。

純粋でしかない言葉達は綺麗さっぱり消えてなくなる。
それでもその最後の咆哮を耳にした誰かが、きっと語り継いでくれる。
頼む頼む頼む。

身体は炭になる。
そのまま澄みになる。

燃え尽きる事で証明されていく私の清廉潔白さと罪悪。
分別はやはり大切だ。
横着と慢心は得てして後悔を産む。
そんな事はそんな事はそんな事はさ、遥か昔から解っていたじゃない
か。

そして私は気付く。

もう何一つ憶えていない言葉達を遠く尻目に、
安息を手に入れるという大失態を犯してしまった事に。

気付く。

死ぬってのは敗北だ。
死ぬってのは逃亡だ。
死ぬってのは卑怯だ。
死ぬってのは無力だ。
それでも
死ぬってのは安息だ。

私をキチガイにするありとあらゆるものから
一等距離を置く事が出来る最上級の状態？手段？が死ぬ。
なるほど。

求めていた場所はそこなのかもしれない。

でもでもさ。
死ぬってのは孤独だ。
どうしようもない孤独だ。
それも解っている。
思い知らされている。
もう誰も本当に追い付けないし追い掛けないし、憶えてないし思い出
さないし、
私の音速の音波だって遥か彼方を走っていって

きっと誰も掬い取ってくれないし捕まえられないし、
私は私が消えた後の世界を知る事は絶対に出来ないし解らないし、
声を感情を紡ぐ事は今後一生出来ない。
し、

誰かの為に存在する事が出来ないという絶対的な孤独。
それが、死ぬ、という事。

嫌だぁ。
でも私はもうその扉に直面しているんだよね。
自力じゃ開けられないであろう重苦しそうな扉が、ぱっくり口を開けている。

扉の向こうはどうせ闇。
四方八方の孤独。

抗えないから諦めるけど、これだけは忘れないで居て欲しい。

死ぬのはなんも恐くない。
繋ぎ止めてくれる事を信じている。

だけど孤独はどうしようもない。
一方通行な私のほとばしりや激情や衝動が、何処にも届かないのだから。

絶対に届かないのだから。

孤独は排除。
これが私からの、どうやら最期のお願い。

というような夢を見たのでした。
4:48、急に目が覚める。

寒くて吐き気がする。
真っ暗な部屋に君の、寝息が聞こえて、触れている部分だけが熱を帯びて。
それだけで幸せ。

コーラを飲みたいが、部屋が真っ暗で何も見えない。
携帯を開き、その明かりで室内を確認してまた閉じる。

繰り返す。
暗闇切り裂き安心。
暗闇切り裂き安心。

現実が生命力が歓喜しているのが解る。

だから、唯一無二を追い求めたい。
殺意を覚える程の嫉妬があってね。
物騒な話だと思う。

でも、感情が何処かに漏れていってるんだったら、その漏れていってる先を排除したい。

だってそれは絶対に必要ないんだから。

そうでしょ。


軌跡、栄光、思い出。

盛って盛って盛って全部塗り替えてやる。


私が全部肯定してやる。

何かが良い音立てた。
ぷつりと切れた音良い音。
慣れる事が嫌だ。
慣れて当たり前になるのが嫌だ。
初めて接触したあの感じ。
張り裂けるような感じで欲が声が漏れ出て、
期待と欲求の相乗効果がとことん気を狂わせたのだけど、
きっとそういう事は今後薄れていく。
毎日毎日毎日毎日毎日毎日の摩擦が凹凸をどんどんどんどんどんどんどん
滑らかにしていって
きっともう特別感なんて皆無。
そう。
特別感が欲しい。

歪さ、ささくれ、圧迫。


その隙間を押し拡げた摩擦の結果、大切な事に気付けるであろうはずの引っ掛かりが無い。

時には痛みや不快感が正気を保つ。

正気を保った上で気を狂わせられる。

土台がないと、由来する場所がないと狂えない。


狂い続けたらそれはもう猿だ。

私は猿じゃない。

去る、じゃない。

戻る、場所がある。


そこにどうしようもない衝動があるのか、それとも壊れちまっただけなのか。

救ってほしいのかどうなのか。

ただ生まれた隙間を埋めたいだけなのか。

それともその隙間をこじ開けたいのか。


何処まで入って来るの？

何処まで入って欲しいの？

自分の存在理由はそこにはなくて。
自分の中に自分の答えは無くて、他者との関係性の中に初めて見えてくるものだと思う。
どんなに隙間を埋めても、度々現れる隙間をこじ開ける存在に、
きちんと預けられていたんだ。

それを忘れないでほしい。
忘れないで居たい。
痛い。
蹴躓いて転ぶ。

痛い。
受け入れられる事。
迎合する事。

痛い。

おっかなびっくりになって、自分の意見なんか皆無で、
気に入られよう気に入られようとするその心持ちがイタイ。

共通言語は非常に多いが、自分だけの言語も同時に多数。
それを押しつける事なく、また、無理にそこに飛び込む事もなく。
解る事は解る。
解らない事は解らない。
それで良いじゃないか。

ただね。
酌み取る姿勢すら見えないと、心が荒む。
否定的な音を奏でる追求が、本当に痛い。
心に痛い。

痛い。
論破が、恐くて恐くてしょうがない。
圧倒的な理論武装を前に、受け入れられないのではないかと縮こまる
あの恐怖感。
嫌われたくない。
少しでも好きな部分が多くあってほしい。
それが、伺いになる伺いになる。
価値観の違い。
これは避けて通れない。
みるみる内に現実感が薄れていく一瞬でも目を離すと。
だから私はじっと見つめる。
君がそこに居る現実を。
君がそこに居て私を見据えてくれている現実を事実を。
私の彼方に何を見据えていようと、私は私の両眼に映る映像を、
そこから脳に染みていく君の顔を真実って事にして、この世の全てって事にして、
どんどんどんどんどんどん焼き付ける。
妬き付く暇を与えないように焼き付ける。
彼方を手繰り寄せれない場所に、私が、願わくば私が。
消えてしまいそう。
君自身も、君と相対する私も、君と築き上げてきた関係性も、何もか

も。
一つ、たった一つでも踏み外したら、目の前から消えて何処か遠くへ
行って
もう二度と干渉出来なくなりそうな。
それくらいの覚悟の現在と現実感の無さが取り巻いている。

消えるってのは比喩だよ。
でも今はそうは思えない。

満たされつつある日常。
君の傍に居れて瞬間的でも寵愛を獲れて、
寝食を共にする日もあれば接吻に気を狂わす事もある。
愛してると愛してるの逢瀬。
それが。
100あったものが。
あっと言う間に0になる。
消失する。
その気配がぷんぷんする。

あっという間のあっ。
って言ったが最後。
君は消えてなくなるんだ。
嫌だけど死ぬほど嫌だけど、その自信がある。

それくらいの非現実感。

だから私はあっと言う間のあっは言わない。
馬鹿みたいだけど言わない。
それだけで君を失わないで済むなら、今後一生言わない。

どうだろう。

あっ
て言うその刹那すら命取りになる。
そんな、君と私の関係性。
安堵と緊張感の綱渡りを、一生涯貫く。

無理じゃない。
君の為なら全然無理じゃない。
君が私のものになるのなら何だってする。

悪魔にだってなる。

君が人を魅き付ける悪魔なら、どうやら私は嫉妬の悪魔だ。

だから。
だからね。
んー。
私は近々、彼女を殺してしまうかもしれない。

物騒な話だ。
でも殺す程の嫉妬とか、殺す程の憎悪とかって全然大袈裟じゃないよ。

愛情が漏れ出た事実。

その証拠。

を消し去りたいんだよ。

事実は消せない。

だから、私以外に愛している存在、愛された存在を、消して廻りたいんだ。

そうやって私以外の愛が存在した証拠を抹消したい。

物。

愛の物。

愛に形は無いんだから。

形があってはならないんだから。

君が消失するのが先か。

愛を消失するのが先か。

漸く解ったのだけどどうやら、嫉妬をする暇が無いくらい強烈な感情さえ与えてくれれば、
私は安心出来る。

それって凄くない？

それってのは。

それ即ち喜びだ。


私にのみ注がれる愛情が見えてそれがまた、タイトにタイトにほつれささくれ澱み無く私に見えれば、それは大変非常に喜ばしい事だ。

ポジティブな考えのみが脳内を駆け巡っていれば、それで心底安心できる。

その喜びで酔える。

彼女の存在を忘れさせてくれる程の喜びを愛情を言葉を、私に、くれよ。

とか思う。

閑静な住宅街を闊歩。

私のブーツの音が煩い。

君にとって私は何なんだ。

一体何なんだ。

煩い。

君の欲求や羨望や負い目を埋める為の存在なんだとしたら。

嫌だなぁ。

嫌かなぁ。

そうでもないなぁ。

隙間の埋め合い。

心と身体。

ぴったり来る日は遥か彼方。

彼方。

嘘を嘘たらしめるのは、口から出た言葉、誓いの言葉確かな言葉
その言葉に反する様々が見えるからだ。
口から出たその音にはもう魂を籠めたくなくても籠もっていて、責任
とか約束とか
多少厄介なものが生まれている。
それを死守しよう全うしようと生きる訳だが、違える時がある。
違えたり反古になったりする時がある。
私の場合は愛してるの影にちらつく彼方だ。
嘘と言うには敏感過ぎるかもしれないが。

でも騙し切ってほしいじゃん。
匂いすら。
雰囲気すら。
空気すら。
ありとあらゆる漠然としたものすら、消して隠して塞いで、騙し切っ
てほしい。
愛しているのならその矛先を一点に。
一点に見えればそれで良い。
愛は唯一のものだ一つしかないものだ。
なんてのは甘っちょろい。

甘っちょろかろうが何だろうが私は叫ぶ。
愛は唯一。
唯一無二。
に見えればそれで良い。
そして今まで私には、その唯一無二が皆無だった。
けど今は違う。
君が受け入れてくれなかったら私はもう二度と誰の胸で泣く事も無
い。
この先、人を好きになる事は二度と無い。
それくらいの覚悟と君じゃなきゃいけない魅力。
見出す唯一無二。

誠意を見せたかった。
ちゃらんぽらんに生きてきた私の本気を見せる。
君の愛情の漏れ口を本気で本気で本気で本気で本気で本気で排除しよ
うとしているんだから、
こちらも本気で逃げ道を排除しなきゃ失礼だって思ったから。
君と結ばれなかった時の為に。
なーんて逃げ道は、要らない。
し、どうしようもない精神的窮地に追い込まれて、
助け、甘え、抱擁を乞う対象が居ない状態は、果たして私をどこまで
脅かすのか。

知りたかった。


人はその窮地に追い込まれて追い込まれて追い込まれて、その感情の行き場が無くなった時、気を狂わせるか死ぬ。選択する。

私がどちらを選択するのか知りたかった。

精神とか意識とか及ばない判断をする時があるでしょ。

そこに行きたい。

絶望しかしない選択の岐路に立ちたい。

何故か。

君を手に入れる事が大前提で、
その希望か、はたまた手に入れられない絶望か二つに一つの場合、
私は何が何でも希望を手に入れるからだ。

そんなもん引っ括めて死ぬか生きるか。

そこに立てばありとあらゆる本気の風景が見えてくると思ったからなんだよね。


誰だって絶望なんてしたくない。

絶対に何が何でも是が非でも私は希望を手に入れて生きる。

生き残る。


っていう風景で泳いでいないと、簡単に命を投げ出してしまいそうなんだよ。

だってその方が楽だから。


貴様が生きて甘い言葉を吐いているのが嫌なだけだ。

貴様が生きて甘い言葉を求めているのが嫌なだけだ。

貴様等が生きて交流しているのが、心底嫌なだけなのだ。


私との約束を反古にして、代わりにあいつと果たして。

洗面所には彼女の歯ブラシ。

増えている置き傘。

食べ散らかしたゴミ袋。

吸い殻吸い殻吸い殻。


開け放つドア。

見たことない靴。

紙切れみたいに薄い引き戸。

差し込む光に照らされた貴様は本当にもう何かどうしようもない位糞みたいな芋虫だぁ。


後悔は、白いシャツに一滴垂れた墨汁みたいなもので、
腹の底に、じわじわ染みが広がって拭えない。

落ちない。

ぐじぐじわじわぐじぐじじわじわ。

白いってのが重要だ。

その染み以外は真っ白で、白いものとして間違いなく存在していたそれが、汚れた事実。

違うものになってしまった。
そして元の白さが直ぐに、手に取るように解る。

それが蔓延していってる。

どうして私はあの時直ぐに君を抱き締めようと思って空けていた手を閉じ
一本一本の指を折り曲げ握り締め構えなかったのだろうか。
阿呆面の芋虫のどてっ腹か或いはどこが顔か判断はつかんが顔に、
その構えた握り拳を打ち込まなかったのだろうか。
芋虫を跨いで立って腰を落とし一心不乱に打ち込まなかったのだろうか。
失敗した。

でも答えは簡単だ。
隣に寝ている君の寝顔が穏やかだったからだ。

それだけの事だ。

信頼出来てないんだと思う。
自分にはこの人しかいない
と思わせる、決定的な何かが足りないんだ。
自分にも自信が無いんだ。
彼を繋ぎ止めていける自信。

安全な場所で、生きていた。
脅かされた事など無かった。

今この瞬間も彼はきっと、柔肌晒してる誰かに跨がられている。
可愛い声を出して喘いでいる。
だからメールは返ってこない。
好きで、嬉しくて、誰かを抱いている。

殺意はいつか、様々な対象から、彼に向けられるようになるのだろうか。
そんなのは本末転倒だよ。
あーあ。
こんなこと話すつもり無かったのに。

もう直ぐこの独り言は終わります。
これを喋って一体、何がどうなったかなんて
私には全然重要じゃない。

ただただ、私が私に対して心底想いを込めて考えに考えた思考回路を、
信じてもらいたくて、正当化したくて、愛してもらいたくて。
だからこんなにも必死になって語ってきました。
私は今から、私の隙間を埋められに行きます。
私の隙間を、こじ開けられに行きます。

もう、それで良いじゃん。

私が彼に見出している魅力。
それは間違いなく、彼が私の隙間をこじ開けてくれるということ。
未来永劫唯一無二になるのではないかって、私が、勝手に、
彼に価値を見出している。
私の中の揺るぎない何かを、
埋めるのか
押し出すのか
はたまた満たすのか
そんなことに期待したって、良いじゃないか。
隙間を満たした先の新しい世界。

を私は。
開き直りにも似た前向きさ

で私は。
見に行きます。
イきます。

という訳で、これで、
終わります。

軽く、本当に軽くお辞儀

どうやら目的地に着いたようだ
生唾を飲む
息を整える
速くなる鼓動は、誰の為のものなのか

覚悟を決める
ドアを開ける

あっ

なんかじんわり笑顔に
口パクで「殺す」って言って
「あっ」のせいで消えてしまいそうになる彼を
はたまたドアを開けて出てきたであろう彼女に
愛情なんだか
執着なんだか
怒りなんだか
嫉妬なんだか
偽りなんだか
なんだか解らない感じで掴み掛ろうとした瞬間

暗転

了

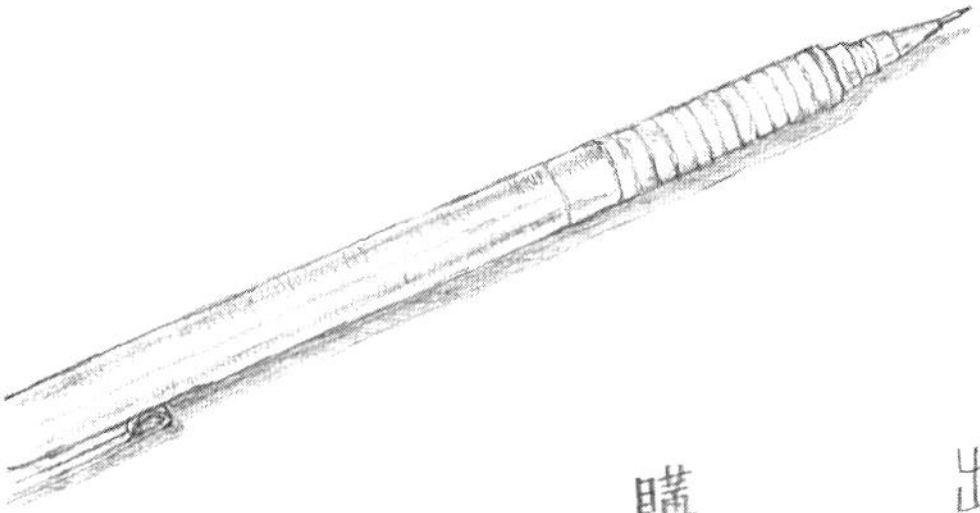

あとがき

このエッセイを担当してくださった
KADOKAWAの本多瑛美子さんに
この場をお借りしてお礼を。

出版にあたり携わってくださった全ての方に
心からの感謝を。

購入して読んでくださっているアナタ、
楽しんでいただけたなら幸いです。

また必ずどこかでお会いしましょう。

玉置玲央

Staff

Photographer
市川秀明

Cover Design
山下浩介

Art Director & Design
松浦周作 [mashroom design]

Stylist
長谷川睦子（玉置玲央）、石橋修一（和田雅成）

Hair&Make-up
井口まり子 [MARS]（玉置玲央）、堤沙也香（和田雅成）

Writer
小林千絵（P66-77、P145-156）岸野恵加（P105-118）

Editor
本多瑛美子（KADOKAWA）

Artist Management
大石直人（ゴーチ・ブラザーズ）

取材協力
新江ノ島水族館 / Blue Monday / 本多劇場 / Gakuya / Matsuri Studio / ルビーパレード / ゴーチ・ブラザーズ

衣装協力
イレブンティ / 三喜商事 アルベルト ブレーシ / アバロン

玉《たま》置《おき》玲《れ》央《お》フォトエッセイ では、後《のち》ほど

2025年3月21日　第1刷発行

著　玉置玲央
発行者　山下直久
発行　株式会社KADOKAWA
〒102-8177　東京都千代田区富士見2-13-3
電話 0570-002-301（ナビダイヤル）

印刷・製本　TOPPANクロレ株式会社

ISBN 978-4-04-897819-4　C0095
Printed in Japan

●お問い合わせ
https://www.kadokawa.co.jp (「お問い合わせ」へお進みください)
※内容によっては、お答えできない場合があります。
※サポートは日本国内のみとさせていただきます。
※Japanese text only